FACULTÉ DE THÉOLOGIE PROTESTANTE
DE STRASBOURG.

JÉRÉMIE ET LE DEUTÉRONOME.

ESSAI HISTORIQUE ET CRITIQUE

SUR

L'ORIGINE DE LA THORA.

THÈSE

PRÉSENTÉE

A LA FACULTÉ DE THÉOLOGIE DE STRASBOURG

ET PUBLIQUEMENT SOUTENUE

le   juillet 1872, à   heures du soir

pour obtenir le grade de bachelier en théologie

PAR

J. DAHLET

DE VŒLLERDINGEN (BAS-RHIN).

STRASBOURG
IMPRIMERIE DE J. H. EDOUARD HEITZ
RUE DE L'OUTRE, 5.

1872.

A LA MÉMOIRE BÉNIE DE MON VÉNÉRÉ PÈRE.

A LA MÉMOIRE BÉNIE DE M. G. ERB,
pasteur.

A MA MÈRE, A MES FRÈRES.

J. DAHLET.

A LA WILHELMITANA, A L'ALSATIA.

Affection dévouée.

A MES AMIS ET COLLABORATEURS
J. D. MICHEL et G. A. MEYER.

J. DAHLET.

FACULTÉ DE THÉOLOGIE PROTESTANTE.

EXAMINATEURS DE LA THÈSE.

M. Reuss, président de la soutenance.

MM. Reuss,
  Schmidt,
  Cunitz,
  } Examinateurs.

La Faculté n'entend ni approuver ni désapprouver les opinions particulières au candidat.

JÉRÉMIE ET LE DEUTÉRONOME.

ESSAI HISTORIQUE ET CRITIQUE

SUR

L'ORIGINE DE LA THORA.

וּמִי יִתֵּן כָּל־עַם יְהֹוָה נְבִיאִים

> Plût à Dieu que tout mon peuple fût un peuple de prophètes.
> (Nombres 11, 29.)
> *Was thäte es, wenn auch der Pentateuch nicht von Moses abgefasst wäre?*
> (Luther.)

INTRODUCTION.

La critique du Pentateuque, dans ses marches et contre-marches, est un labyrinthe où le jeune commençant ne s'aventure pas impunément. Dans ce fouillis d'hypothèses, les unes plus subtiles et plus arbitraires que les autres, le rabbin le plus angélique perdrait son hébreu, tant, au milieu de ces arides discussions de mots, se croit-on transporté parfois aux plus beaux jours de la littérature talmudique. De toutes les questions critiques, celle de l'origine de la loi écrite est une des plus agitées et des plus controversées, rien qu'à en juger par la littérature immense qu'elle a engendrée; mais elle est aussi la question capitale sur le terrain de l'Ancien Testament; sa portée s'étend même à tout le domaine de celui-ci. Il ne s'agit point ici de quelques dizaines, même centaines d'années, mais de dix siècles, et, de la solution qu'on donne à ce problème dépend aussi la conception de la marche des idées religieuses, de leur expression dans le culte et les institutions, et surtout aussi l'idée qu'on se forme de l'activité des plus grands et des plus nobles représentants de ces idées, les prophètes. Tout autre devient la science religieuse d'Israël, si nous plaçons la Thora, telle qu'elle se trouve dans notre canon, au commencement de l'histoire du peuple, comme une œuvre donnée et achevée pour tous les temps, servant de base à tout développement ultérieur, ou si nous la considérons comme un produit lent, successif, où viennent converger et se fixer les aspirations religieuses de plusieurs générations, comme l'œuvre des siècles, par laquelle le judaïsme, sortant de sa fraîcheur vivante et poétique, accomplit la dernière phase de son évolution pour se pétrifier désormais, hélas! et étouffer en germe tout essor supérieur de l'esprit. Si un tel livre a existé dans tout le temps de l'histoire d'Israël, et par suite, déterminé et réglé d'avance les forces religieuses et morales de la nation, il faudra aussi qu'à chaque époque de cette histoire on puisse trouver et montrer des traces positives d'une pareille influence, sinon dans toutes les institutions du peuple, du moins dans les aspirations et tendances des hommes appelés à la dure et pénible tâche de conduire ce peuple, rebelle entre tous, vers sa mission providentielle. Nous ne songeons nullement à prétendre que, si une loi n'est pas observée, on soit autorisé à en conclure que cette loi n'a pas existé; mais, ne devrait-on pas s'attendre à ce que les hommes, qui n'ont reculé devant aucun effort pour faire passer dans la chair et le sang de leur peuple les points essentiels de l'alliance théocratique, s'appuient explicitement, tant dans leurs écrits que dans leurs discours, sur le code de cette alliance, si celui-ci a été rédigé et formulé nettement dans un livre connu? Mais si partout et toujours ils n'expriment que la seule voix divine qui habite en eux, si nulle part ils n'ont recours à ce tribunal supérieur et sans appel, n'est-on pas tenté de conclure, qu'ils n'ont pas eu une telle ressource à leur disposition? Ils avaient mieux à faire, dira-t-on ; soit, nous le croyons aussi ; mais concevrat-on qu'ils ignorent complètement cette loi révélée, qu'ils s'arrogent le droit de parler avec mépris et dédain de certaines de ses prescriptions les plus explicites? Comprendra-t-on que ces fiers et intrépides lutteurs, dont la bouche et la conscience n'ont jamais été bâillonnées, assistent à des transgressions flagrantes sans les châtier, sans donner le moindre signe de désapprobation, proférer le moindre blâme, faire le moindre effort pour en empêcher le retour ; bien plus, qu'eux-mêmes violent des statuts formulés avec une rigoureuse sévérité, sans s'attirer à leur tour le moindre reproche, sans exciter le moindre étonnnement, sans provoquer le moindre scandale? Ne peut-on pas, partout où ces cas se présentent, affirmer que ces lois ainsi violées étaient inconnues à cette époque, et partant non formulées ?

Nous avons indiqué dans ces mots l'importance du sujet, le point de vue qui nous guidera dans cette étude et la méthode à laquelle nous demanderons la solution du problème. Pour parler plus savamment, nous dirons que nous demandons cette solution à la méthode historique et critique, c'est-à-dire, que nous interrogerons avant tout le témoignage de l'histoire et de ses institutions, pour voir si ces dernières concordent avec l'esprit de ces lois, ou mieux, pour voir si l'on peut supposer la connaissance de ces lois auprès des acteurs et personnages de la première. Dans cet aperçu historique, qui formera l'indroduction, nous jetterons un coup d'œil rapide sur les traces probables ou improbables des lois mosaïques, telles que nous les révèlent les actions et les efforts des principaux représentants de la théocratie, depuis Moïse jusqu'à Josias, sous le règne duquel nous rencontrons la première trace historique et positive d'un *code écrit*. Ce code, nous le déterminerons de plus près, en demandant à Jérémie, le contemporain : 1° ce qu'il en connaît, 2° ce qu'il n'en connaît pas. Ces deux questions formeront les deux parties principales de notre travail, dans la conclusion duquel nous essayerons d'établir approximativement l'origine des lois dites mosaïques et leur intercalation dans un grand livre historique.

Pour ne pas sortir du cadre d'une modeste dissertation académique, nous renonçons à toute esquisse historique sur les phases diverses de la critique du Pentateuque. Il nous suffira de dire qu'il y a deux grandes écoles en présence : la première, nous l'appellerons l'école linguistique, depuis de Wette jusqu'à Bleek, laquelle, s'appuyant principalement sur les analogies de style, regarde la législation lévitique comme une partie intégrante de l'œuvre de l'Elohiste, mais assigne une place bien postérieure au Deutéronome; la seconde, l'école historique, qui assigne la priorité au Deutéronome et considère le Protonome comme l'œuvre de l'exil. Dans cette dernière école, nous nommons avec autant de fierté que de reconnaissance deux théologiens alsaciens, dont les travaux et les cours ont guidé nos recherches, M. Reuss et M. Graf; le maître, un des premiers à ouvrir la voie, et le disciple, un des premiers à y marcher résolument et à l'élargir à son tour : la science de l'Ancien Testament réunira leurs noms et elle leur doit à juste titre dans cette question une place d'honneur.

Première Partie.

CHAPITRE I.

Aperçu historique.
(Lois écrites, de Moïse à Jérémie.)

Les premières lois et ordonnances que Moïse a données à son peuple, il ne les a pas rédigées (Ex. 15, 26). Après la révélation du mont Sinaï, il reçoit l'ordre de mettre par écrit toutes les paroles de l'Eternel, et il lit devant le peuple «ce livre de l'Alliance» contenant le décalogue et la législation civile des chapitres 20-23 de l'Exode (24, 4). Le décalogue, sans nul doute, est donc le plus ancien monument législatif des Hébreux; c'est là un fait historique, qui, à notre avis, ne saurait être révoqué en doute, quoique ces lois ne nous soient pas parvenues dans leur rédaction primitive [1]. Il n'est pas dit expressément que Moïse ait rédigé aussi les lois de la deuxième moitié de l'Exode, celle du Lévitique et des Nombres, mais ces lois, à l'exception des 15 derniers chapitres des Nombres, veulent être regardées comme formellement révélées et promulguées au Sinaï. Par contre, la législation du pays de Moab prétend avoir été fixée par la main même du grand prophète; Deut. 31, 24: il transcrit sur un volume les paroles de cette

---

[1] Ex. 34, 27, c'est Moïse qui écrit sur les deux Tables les dix lois qui semblent être toutes différentes des premières, écrites par Dieu lui-même.

Loi, au complet, et remet ce volume de la Loi aux Lévites, pour le placer à côté de l'Arche de l'Alliance renfermant les deux Tables du Témoignage. Mais la législation n'a pas été close après lui: Josué aussi fixa au peuple une loi et un droit qu'il transcrivit dans le livre de la loi de Dieu (Jos. 24, 25); Samuel développe au peuple le statut de la royauté et l'inscrit dans un volume qu'il dépose devant l'Eternel, 1 Sam. 8, 25.

La première question qui s'impose tout d'abord à nous est celle de savoir, comment se comporte l'histoire vis-à-vis des lois de Moïse, et là nous marcherons de surprise en surprise. Dans l'histoire de Josué, il est souvent question d'un code écrit; des lois spéciales de ce code sont citées; Josué lui-même, à son entrée au pays de Canaan, grave sur les pierres la copie de la loi de Moïse «qu'il transcrit en présence des enfants d'Israël» (8, 32); ces pierres sont les pierres brutes d'un autel; il va sans dire qu'elles ne pouvaient guère contenir que le Décalogue. De plus, «il donne lecture de toutes les paroles de la loi, bénédiction et malédiction, en tout point selon le texte du livre de la loi. Il n'y eut pas un mot de tout ce que Moïse prescrit, dont Josué ne donnât lecture devant toute l'assemblée d'Israël.» On s'attend évidemment à ce que cet homme qui exhorte si chaleureusement son peuple à ne s'écarter ni à droite ni à gauche d'aucune prescription de Moïse, exécute lui-même ponctuellement les statuts de son maître. Mais il semble ne rien savoir de la distinction entre prêtres et lévites, si formellement tranchée dans le Protonome; au passage du Jourdain, il ordonne aux prêtres de porter l'Arche de l'Alliance, un peu plus loin à sept autres prêtres de sonner des trompettes (Jos. 6, 6). Il se pourrait à la rigueur que la famille d'Aaron fût déjà si nombreuse à cette époque; mais il ne s'agit pas d'elle du tout; ces prêtres sont tout simplement des Lévites (Jos. 8, 33). Des Lévites prêtres encore du vivant d'Eléazar ! Vers la fin de sa vie, tandis que la tente du rendez-vous est à Scilo, Josué rassemble toutes les tribus à Sichem *devant Dieu*, et érige une pierre dans *le lieu consacré à l'Eternel* (Jos. 24, 1. 26). Il y donc là deux lieux de culte, et ce fait est d'autant plus surprenant que ce même livre raconte qu'on considérait alors comme un crime et une rébellion de bâtir un autel en dehors de l'autel de Dieu (Jos. 22, 16. 19); mais pas la moindre remarque n'indique l'illégalité de ce sanctuaire à Sichem.

En passant aux plus anciens livres historiques, les livres des Juges et de Samuel, notre étonnement est plus grand encore; ici personnages et auteurs semblent ignorer complétement certaines dispositions législatives et des plus formelles. Nous y trouvons plusieurs lieux de culte existant les uns à côté des autres; le peuple ou de simples particuliers construisent des autels et y offrent des sacrifices, sans qu'il y ait un seul mot de blâme pour cette infraction. Ainsi, le peuple sacrifie à Mizpa (Jug. 20, 1; 21, 1. 5. 8), à Béthel (20, 18; 21, 2); à Mizpa, Jephté est nommé juge devant l'Éternel, c'est-à-dire en lieu saint (11, 11); à Ophra, Gédéon construit un autel qui subsiste «jusqu'à ce jour» (6, 24.) Un Danite se fait un Ephod et s'estime heureux d'avoir un *lévite* pour *prêtre* et père : ce lévite est petit-fils de Moïse et ses descendants restent *prêtres* aussi longtemps que subsiste le temple de Scilo, jusqu'à la captivité du pays (chap. 17 et 18); un autre lévite (19, 18) se rend à la maison de l'Éternel en Ephraïm. On dit généralement, qu'il est tout naturel qu'à cette époque de troubles, il n'y ait pas eu un culte sévèrement organisé, qu'il n'y avait pas d'individualités assez puissantes pour imposer et maintenir le respect de la loi, que plusieurs de ces sacrifices sont autorisés par des théophanies, que la tendance et le contenu de ces livres expliquent pourquoi ils ne tiennent pas compte des lois sur les sacrifices, qu'on n'est pas fondé à nier l'existence des institutions qui ne sont pas mentionnées, et que d'ailleurs ces temps sont souvent caractérisés par ces mots «chacun faisait ce qui bon lui semblait.» Tout cela est parfaitement juste, mais ne s'applique pas avec autant de raison aux temps et livres de Samuel et surtout pas aux temps de David, et ne suffit même pas à lever la difficulté pour le livre des Juges. Au deuxième chapitre de ce livre, un envoyé de l'Éternel vient reprocher au peuple d'avoir accordé une alliance aux habitants du pays, mais jamais le moindre blâme ne lui a été adressé au sujet des divers lieux de culte, ni au sujet des lévites exerçant le sacerdoce; l'auteur lui-même, bien postérieur pourtant, n'y trouve rien à redire, et cependant il parle des commandements de l'Éternel, prescrits à leurs pères par l'organe de Moïse (Jug. 3, 4). Dans les livres de Samuel, nous trouvons des infractions plus flagrantes encore. Samuel sacrifie comme s'il était lévite et sans exciter le moindre étonnement. Pendant que l'arche est à Kirjath-Jearim, il élève un autel à Rama où il habite;

il y possède un tertre; il offre des sacrifices pour tout le peuple devant l'Éternel, c'est-à-dire en lieu saint, à Mizpa, à Gilgal, à Béthel, à Béthlehem (1 Sam. 7, 5; 10, 8; 7, 16, etc.). Personne n'en est scandalisé; l'historien lui-même ne s'en offusque pas; au contraire, loin de dire qu'une telle conduite déplaît à Dieu, il la présente même comme lui étant agréable et entraînant l'exaucement des prières du prophète (1 Sam. 7, 5). Saül bâtit son *premier* autel après sa première victoire sur les Philistins (14, 35). Sous son règne, il y a un sanctuaire à Nob, où David trouve un asile. Ce sanctuaire ne renferme pas moins de 85 prêtres que Saül fit égorger, sauf un seul qui parvint à se sauver. David est sacré roi à Hébron *devant l'Éternel* (2 Sam. 5, 3). Lui aussi se comporte comme s'il était lévite. A l'imitation de Samuel, il offre des sacrifices, bénit le peuple; bien plus, il danse devant l'arche, revêtu d'un habit sacerdotal (2 Sam. 6, 13); et chose plus étonnante encore, ses fils eux-mêmes sont prêtres (2 Sam. 8, 18). Ni Nathan, ni Zadok, ni l'historien, ne lui adressent le plus léger reproche à ce sujet. Salomon est sacré roi à Gihon; sous son règne, avant la construction du temple, se trouve à Gabaon, la grande hauteur, le tertre principal, où le roi sacrifie lui-même (1 Rois 3, 4). Ni Assa, ni Josaphat, ni Joas, l'élève du prêtre Joïada, ni Amazia, ne songent à abolir le culte des hauts lieux, et c'est tout ce que l'auteur du livre des Rois sait leur reprocher.

Chez les prophètes antérieurs à l'exil se trouvent bien diverses réminiscences de l'histoire patriarcale et mosaïque, telle qu'elle est racontée dans le Pentateuque, et en partie aussi des allusions à la loi mosaïque, mais générales seulement, non particulières; du moins, aucune n'est citée explicitement. Ils ne parlent même jamais de Moïse, ni comme législateur, ni comme écrivain. De ce qu'ils mentionnent les diverses espèces de sacrifices, on ne saurait conclure que les lois sur les sacrifices aient été rédigées telles que nous les connaissons. Et puis, ces prétendues réminiscences de lois, pourraient bien n'être que de simples ressemblances toutes naturelles, le thème de la prédication étant le même, thème qui pour les prophètes est tout éthique et se laisserait réduire, en dernière analyse, à ces simples mots : adorez Dieu seul, pratiquez le droit et la justice. C'est à tort aussi, qu'on veut prendre le mot *thora* chez les prophètes dans le sens bien postérieur de la loi mosaïque; il signifie simplement instruction, enseignement donné par les prêtres et les prophètes sur ce qui est bien et mal, sur la conduite à tenir en tout point pour plaire à Dieu. Ce sens ressort clairement des passages Esaïe 5, 24; 30, 9, où *thora* est mis en parallélisme avec *dabar* et *imerah*, parole, prédication, enseignement. Quand ce terme doit désigner une loi, il est plutôt accompagné du mot *chok* (Am. 2, 4; Esaïe 24, 5). Cette idée est encore exprimée par les termes *chok* et *mischpath* (Ps. 18, 23). Mais ces termes ne désignent pas nécessairemen une loi écrite, ainsi qu'il ressort clairement de Ex. 15, 26. Cependant nous n'hésitons pas un instant à admettre que ces prophètes connaissaient des lois écrites; Osée 8, 12, le prouve avec évidence : *je vous écrirais mes lois par milliers*. Chez ce même Osée se trouvent le plus d'allusions à l'histoire primitive et aussi le plus d'analogies avec certaines lois mosaïques. Le premier, il combat formellement le culte des hauts lieux, auquel s'était mêlée naturellement beaucoup d'idolâtrie. Osée 4, 13 : «Sur les cimes des montagnes, ils sacrifient, et sur les collines ils encensent, sous le chêne et le peuplier et le térébinthe, parce que l'ombrage en est beau; c'est pourquoi vos filles sont impudiques et vos brus adultères;» puis, v. 15 : «ne venez point à Gilgal et ne montez point à Bethaven;» Os. 5, 2 : «Vous fûtes un filet à Mizpa et une toile tendue sur le Thabor; ils accumulent les sacrifices coupables.» Ailleurs il parle de la confrérie des sacrificateurs, qui commettent des crimes, en sacrifiant sur le chemin de Sichem (Os. 5, 9); d'Ephraïm qui a multiplié ses autels et pour lequel ses autels sont devenus un péché (Os. 8, 12); d'Israël qui a autant d'autels qu'il y a de monceaux de pierres sur les sillons des champs (12, 12), qui commet l'adultère et déserte son Dieu, car il aime à recevoir le salaire de l'impudicité sur toutes les aires à blé (9, 12); etc. Tout cela est en parfaite harmonie d'idées avec les passages du Deutéronome qui interdisent tout culte et tout sacrifice en dehors de Jérusalem; mais le prophète ne s'appuie pas sur ces passages. On objecte que dans deux autres versets, il ramène les péchés qu'il combat à une formule de la loi, comme pour convaincre suffisamment par là le coupable (4, 4:) «Ton peuple est comme ceux qui contestent contre les prêtres,» analogie frappante avec Deut. 17, 2, où il enjoint de suivre en tout point la règle de droit que le prêtre indiquera et de tuer celui qui aurait la présomption de ne pas écouter le prêtre qui est là en service devant l'Éternel. Mais dans le Deutéronome il n'est pas question de contestation, et le prophète, parlant du procès que l'Éternel fait à son peuple, qui ne veut pas reconnaître son tort et qui meurt, faute de connaissance, pouvait bien tout naturellement, et sans qu'un code écrit fût nécessaire pour fournir ou faire comprendre cette image, comparer ce peuple à des hommes qui se présentent devant un juge et qui se mettent à contester avec lui, au lieu de se soumettre à sa décision, de reconnaître leur tort et de le réparer. D'ailleurs, le prophète ne songe nullement à inculquer le respect du prêtre; au contraire, celui-là périra tout comme le peuple, car lui aussi dédaigne la connaissance et oublie la loi de son Dieu. Le deuxième passage, Os. 5, 10 : «Les princes de Juda sont comme ceux qui déplacent les bornes,» semble également être une réminiscence de Deut. 19, 14 : «Tu ne déplaceras pas les bornes de ton prochain, que les ancêtres ont placées dans ton héritage.» Mais c'est là un délit que tout honnête homme pouvait comprendre et qui était certainement puni par les tribunaux. Avec cette méthode là, il n'est pas étonnant qu'on ait trouvé plus de 800 allusions à l'histoire et à la loi mosaïques, chez les prophètes antérieurs à l'exil. A quel passage de la loi se rapporte donc Job. 31, 29, où Job, énumérant les péchés dont il s'est abstenu, pose la question : «Étais-je joyeux de la ruine de mon ennemi, transporté de le voir atteint par les revers? Mais je ne permettais pas à ma langue de pécher, en demandant sa mort dans une imprécation.» Il serait difficile, à notre avis, de trouver un texte dans la loi qui interdise ce péché. Les prophètes dans leur prédication ont-ils jamais procédé ainsi, en montrant que tel et tel acte était contraire à telle et telle prescription? Il me semble que leur principe était plutôt celui de Sénèque : *quam angusta est justitia ad leges bonum esse!* L'on ne saurait donc affirmer avec certitude qu'Osée connaisse le Deutéronome ; en tout cas, il n'en appelle nulle part explicitement à ce code ; ce qui est certain, c'est que beaucoup d'idées fondamentales sont les mêmes dans les deux livres. Mais alors même que les idées ou les expressions sont identiques, par quelle nécessité logique faut-il donc que le prophète ait copié le législateur ? était-il moins personnel et moins inspiré que lui, et pourquoi le contraire ne serait-il pas tout aussi sinon plus vraisemblable ? On peut en dire tout autant d'Amos, de Michée, qui combattent aussi les hauts lieux, d'Ésaïe, qui, si le récit des Chroniques est exact, a probablement provoqué leur abolition sous Ezéchias : aucun de ces prophètes ne cite une loi explicite et particulière.

Résumons : nous avons donc vu jusqu'ici, que parmi les hommes les plus dévoués à la théocratie, ceux-là même que la postérité a toujours représentés comme ayant marché fidèlement dans les voies de Dieu, qu'elle a pieusement présentés en exemples à imiter aux générations postérieures, les uns enfreignent sans scrupules des lois sévèrement formulées dans le code ; que les partisans les plus zélés de la religion ne s'en offusquent nullement, au contraire, les approuvent sans réserve ; que d'autres, non moins dévoués, ne font pas le moindre effort pour introduire dans la pratique certaines ordonnances de ce code ; alors que, s'ils avaient su que la loi l'exige, ni le temps, ni les moyens, ni la bonne volonté, ne leur auraient fait défaut. Ces lois ainsi ignorées sont principalement celles sur l'unité du culte, sur les sacrifices, sur le sacerdoce comme privilège exclusif de la famille d'Aaron, voire même de la tribu de Levi, et nous en concluons que ces lois n'existaient pas ou du moins n'étaient pas formulées aussi nettement qu'elles le sont dans le code qui nous est parvenu. Nous avons vu aussi que, si chez les prophètes de la grande période certaines expressions peuvent indiquer qu'ils avaient connaissance de lois écrites, on ne saurait pourtant déterminer avec certitude quelles sont ces lois.

Nous arrivons maintenant à un fait capital de l'histoire d'Israël, à la première trace positive d'un *code écrit*, la découverte de la Loi sous Josias, et la réforme et centralisation du culte qui en furent les conséquences. Ce fait est raconté ainsi (2 Rois 22, 1 - 23, 30; 2 Chron. 34-35) [1] : Le roi Josias, dans la 18e année de son règne, entreprit une restauration et une purification du temple souillé par l'idolâtrie, sous ses prédécesseurs Amon et Manassé. Voici qu'au sortir de l'argent recueilli par les Lévites aux portes du temple et dans tout le pays, le grand-prêtre Hilkia trouve le livre de la Loi (le livre de la Loi de l'Eternel par Moïse), le remet à l'envoyé du roi, qui le rapporte à son maître avec ces mots : «Hilkia, le prêtre, m'a aussi donné un livre.» A l'ouïe du contenu de ce livre, le roi fut telle-

---

[1] Nous suivrons dans cette narration le récit du livre des Rois, en indiquant entre parenthèses les divergences des Chroniques.

ment consterné qu'il déchira ses habits, par crainte du courroux de l'Eternel, parce que les pères n'ont pas accompli les paroles, comme il est écrit; il envoya immédiatement consulter la prophétesse Hulda, au sujet du contenu de ce livre, ainsi qu'au sujet de sa propre personne et de son peuple. «Voici, répond la prophétesse, j'amène la calamité sur ce lieu et ses habitants, toutes les paroles (malédictions) contenues dans le livre lu par le roi de Juda, puisqu'ils m'ont abandonné, et qu'ils ont encensé d'autres dieux, à l'effet de me provoquer par tous les ouvrages de leurs mains; mais le roi qui s'est humilié (en entendant ces menaces) à l'ouïe de ce qui a été prononcé contre ce lieu et ses habitants, qui seront l'objet de la désolation et de la malédiction, sera épargné et recueilli en paix auprès des tombeaux de ses pères.» Sur cette réponse, le roi rassemble tous les anciens du peuple et tout le peuple, petits et grands, lit devant eux «toutes les paroles du livre de l'Alliance,» et conclut une alliance devant l'Eternel, à l'effet de suivre l'Eternel et de garder ses commandements et ses témoignages et ses statuts du cœur entier et de l'âme entière, et d'accomplir les articles de cette alliance consignés dans ce livre. Pour commencer, il brise les colonnes, tue les évocateurs, les pronostiqueurs, extirpe les aschères, les téraphim, les idoles et les horribles simulacres (toutes les abominations), mais surtout les hauts-lieux dont il destitue les prêtres à Jérusalem, immole et brûle ceux du dehors, enfin, fait célébrer une Pâque aux termes de ce qui est écrit dans le livre de l'Alliance, et comme n'en a pas été célébrée depuis l'époque des

Juges (depuis Samuel) et durant toute la période des rois d'Israël et de Juda. — Nous aurons à revenir plus tard sur ce récit. Tel qu'il est là, surtout la frayeur du roi, la réponse de la prophétesse, ainsi que l'exécution de la réforme, principalement l'abolition des hauts-lieux, et l'extirpation de l'idolâtrie, il se rapporte distinctement au Deutéronome, tant à l'idée dominante du livre qu'aux bénédictions et malédictions qui le terminent. Pour les expressions et les tournures elles-mêmes, nous aurons à les relever plus tard comme particulières à Jérémie et au Deutéronome. Notons encore un fait caractéristique pour nos deux sources historiques : le livre des Rois s'arrête avec une grande prédilection et beaucoup de détails à l'abolition du culte idolâtre, mais ne raconte que sommairement la célébration de la Pâque; celui des Chroniques, au contraire, se complaît à décrire toute la splendeur de la Pâque, des holocaustes et des sacrifices, mais ne s'arrête guère à la réforme, qu'il fait commencer 6 ans plus tôt, dans la 12ᵉ année de Josias.

Ce fait capital se passe donc dans la 18ᵉ année de Josias, 36 ans avant la destruction de Jérusalem, en l'an 624 av. J. C. Jérémie avait commencé son activité prophétique dans la 13ᵉ année de ce roi, il était donc à la fois contemporain et témoin oculaire de cette importante découverte. Cependant, chose étonnante, il n'en dit pas un mot; nous voyons plutôt dans ses paroles que cette conversion n'a pas été, surtout de la part du peuple, «de tout cœur, de toute âme et de toute énergie, *conformément à la totalité de la loi de Moïse,*» comme semblent le faire croire nos

D.

deux livres historiques; toutefois, lui aussi rend ce témoignage au roi Josias, qu'il a pratiqué le droit et la justice. Un seul passage peut, il est vrai, se rapporter à cette réforme, c'est Jér. 3, 4 : «Maintenant, n'est-ce pas, tu me dis : mon père! Tu fus l'ami de ma jeunesse. Sera-t-il toujours irrité ? gardera-t-il sa colère à jamais. Voilà ce que tu dis, et tu commets le crime et le consommes!» Ce passage peut confirmer les récits que nous venons d'analyser, mais sans eux, il ne nous dirait rien sur la question qui nous occupe, à savoir : Jérémie connaît-il un code écrit, le reconnaît-il comme norme et canon suprêmes, et quel est ce code?

CHAPITRE II.

Jérémie et le Deutéronome.

§ 1. *Allusions*.

En parlant de la loi, Jérémie est plus explicite que les prophètes antérieurs; chap. 9, 12 ; 26, 4, il parle de la loi que Jéhovah *a mise devant le peuple*; 44, 10, de la loi et des commandements *mis sous les yeux de leurs pères*; ces lois, il les désigne (44, 23) par les mêmes termes qui se trouvent dans le Deutéronome : lois, ordonnances, commandements. Ceci seul pourrait déjà faire conclure qu'il connaît des lois écrites, conclusion que le passage suivant élèvera au-dessus de toute contestation. Chap. 11, 1-8 : «Ecoute *les paroles de cette alliance* et dis-les aux hommes de Juda et aux habitants de Jérusalem, et tu leur diras:

Ainsi parle l'Eternel, Dieu d'Israël : Maudit soit l'homme qui n'écoute pas *les paroles de cette alliance,* que je prescrivis à vos pères, le jour où je les tirai du pays d'Egypte, du fourneau de fer, en disant : Vous serez mon peuple et je serai votre Dieu, pour que j'accomplisse le serment que je fis à vos pères, de leur donner le pays découlant de lait et de miel, comme vous le voyez aujourd'hui. Et je répondis et dis : Ainsi soit-il, Eternel. Et l'Eternel me dit : Proclame toutes ces paroles dans les villes de Juda et dans les rues de Jérusalem en disant : Ecoutez les *paroles de cette alliance* et exécutez-les. Car je sommai vos pères, dès le jour où je les tirai du pays d'Egypte jusqu'aujourd'hui, les sommant dès le matin et disant : Obéissez à ma voix ! Mais ils n'ont ni obéi, ni prêté l'oreille, et ils ont marché chacun suivant l'obstination de son cœur mauvais; aussi j'exécuterai (ou j'ai exécuté) sur eux *toutes les paroles de cette alliance.*» Ainsi le prophète reçoit la mission de proclamer ou mieux de lire partout le contenu du livre de l'Alliance, d'exhorter chaleureusement à l'obéissance, en rappelant spécialement les malédictions qui accableraient ceux qui resteraient sourds à son appel, et qui anéantiraient par là les promesses solennelles faites à leurs pères. Il saute aux yeux que les paroles de cette alliance étaient connues et déposées dans un livre, puisque le prophète doit les lire, et ce livre est évidemment le même que celui qui a été découvert sous Josias, où tout le peuple s'était solennellement engagé, par serment, à exécuter les prescriptions qu'il renferme ; là aussi le livre est désigné par «les paroles de cette Alliance, paroles du livre de l'Alliance,» expression qui ne figure nulle part dans le Pentateuque, si ce n'est Deut. 28, 69 : «les paroles de l'Alliance,» et Ex. 24, 7, où ne se trouve toutefois que le terme de «livre de l'Alliance.» Puis, les menaces et malédictions, dont il est question ici, permettent de conclure avec la plus grande probabilité que c'est surtout la fin du Deutéronome qui devait être lue, et cela pour produire une crainte salutaire, tant chez ceux qui avaient entendu la lecture de Josias, que chez ceux qui n'avaient point pris part personnellement à la conclusion de cette alliance bientôt rompue (car c'était une réforme officielle, extérieure, décrétée d'en haut, et le peuple était revenu vite aux égarements de ses pères). D'ailleurs, tout dans les expressions et dans les tournures rappelle le Deutéronome ; déjà le verset 3 (maudit soit l'homme) rappelle et reproduit presque textuellement les formules de malédiction de Deut. 27, 15. 26 ; puis surtout cette exhortation : «Obéissez à ma voix, faites tout ce que je vous commanderai et je serai votre Dieu, et vous mon peuple,» revient un nombre infini de fois dans ce code, où elle est toujours la condition de la prise de possession et de la conservation du pays de Canaan, comme de la fidélité et de la protection paternelle de Jéhovah (voir surtout les chap. 11, 26 et 28). Il en est de même des expressions : «pour que j'accomplisse le serment que je fis à vos pères,» «pays découlant de lait et de miel,» «suivre d'autres dieux pour les servir,» de la désignation de l'Egypte comme le «fourneau de fer,» désignation qui ne se trouve jamais dans le Protonome.

Il est donc hors de doute, que le prophète connait un code, et un code qu'il regarde comme mosaïque, et qu'il s'en sert, ce que ne font jamais ses prédécesseurs, pour donner plus d'autorité à sa propre prédication. Dans une autre circonstance il en appelle, sans le dire explicitement, il est vrai, à une sentence de la loi sur les prophètes, loi qui est particulière au Deutéronome. Voici à quelle occasion : Le malheureux prophète, né, selon sa propre expression, «homme de contestation et de querelle pour toute la terre,» n'avait pas eu, comme Esaïe, la consolation de pouvoir prédire la ruine des ennemis de son peuple ; ce peuple lui-même s'était précipité aveuglément vers l'abîme, dont il avait vainement cherché à le préserver. Pendant le siège de Jérusalem, Jérémie ne cessa d'annoncer l'inutilité de la résistance, et après la défaite, il dut prêcher partout la durée du joug de Babel, la soumission tranquille à ce joug, exhortation qu'il cherchait à rendre plus efficace et plus visible, en portant lui-même un joug de bois sur son cou. Mais le peuple, impatient comme tous les vaincus, se laissait aller à des illusions trompeuses d'une délivrance prochaine, et des prophètes de salut le fortifièrent encore dans ses espérances. L'un d'eux annonça un jour, devant le peuple réuni dans le temple, que dans deux ans le joug de Babel serait anéanti, et pour appuyer son dire, il prit le joug du cou de Jérémie, et le brisa, symbole de la destruction de leurs oppresseurs. Notre prophète le laissa faire, souhaitant ardemment lui-même la réalisation de vœux si légitimes, «seulement, dit-il (Jér. 28, 6-10), écoute cette parole que je prononce à tes oreilles et aux oreilles de tout le peuple : Les prophètes qui parurent avant moi et avant toi, dès les anciens temps, ont, dans leurs prophéties, menacé beaucoup de pays et de grands royaumes, de la guerre et du désastre et de la peste. Le prophète qui prophétise le salut est, quand la parole de ce prophète se réalise, reconnu comme le prophète que l'Eternel envoie véritablement.» Il veut dire par là: prophétiser le salut, flatter les désirs du peuple, n'est pas la vocation du vrai prophète qui doit châtier, menacer, corriger; c'est ainsi que les prophètes ont fait de tout temps; si quelqu'un s'écarte de cette voie, il ne suffit pas qu'il parle au nom de l'Éternel, il faut aussi que sa parole soit confirmée par les événements. Dans ces dernières paroles, il a visiblement en vue Deut. 18, 21 : «Et si tu dis en ton cœur: à quoi reconnaîtrons-nous la parole que l'Éternel n'aura point prononcée?... ce que dira ce prophète au nom de l'Éternel et qui n'aura pas lieu et ne s'accomplira pas, telle sera la parole que l'Éternel n'aura pas dite; le prophète l'a dite par audace, n'aie pas peur de lui.» Il est vrai que cela pourrait être une rencontre toute fortuite, comme nous en avons vu chez Osée, et que Jérémie pouvait dire tout naturellement: on verra bien si l'Éternel accomplira les paroles que tu prononces en son nom; mais la tournure pour ainsi dire axiomatique de sa phrase, montre bien qu'il en appelle à une autorité supérieure que son adversaire ne saurait récuser. Du reste, il semble que le texte veuille lui-même désigner l'allusion à cette sentence et montrer que celle-ci s'est aussi confirmée dans ce cas; car il est raconté à la fin du chapitre que ce faux prophète est mort la même année pour avoir prêché la rébellion contre l'Éternel (Deut. 13, 6), menace d'intimidation, qui est ajoutée à cette loi de Deut. 18, 20 : «Mais le prophète qui aura l'audace de dire en mon nom ce que je ne lui aurai point commandé de dire, et celui qui parlera au nom des dieux étrangers, ce prophète mourra ;» ce que dans un autre endroit (Jér. 14, 15) Jérémie reproduit ainsi : «Les prophètes qui prophétisent en mon nom et que je n'ai point envoyés, ils périront par l'épée et la faim» (Cf. Jér. 29, 24-32). Un autre fait nous semble confirmer ces allusions. Nous avons déjà dit que cette loi est particulière au Deutéronome, qui considère les prophètes comme un corps solidaire dont il veut rehausser la considération et l'autorité, en menaçant de punir sévèrement (v. 18) ceux qui ne les écouteront pas, et en ordonnant l'extermination de ceux qui usurperont faussement ce titre et ce privilége, promettant formellement aussi que l'Éternel suscitera toujours un prophète qui sera poussé par l'esprit de vérité et dans la bouche duquel il mettra sa parole. Eh bien, Jérémie, plus qu'aucun autre prophète, rappelle sans cesse l'accomplissement de ces promesses ; à chaque occasion il relève avec la plus amère tristesse, que depuis leur jeunesse, depuis le jour où il les a tirés d'Égypte, l'Éternel leur a envoyé ses prophètes, du matin au soir, mais qu'ils ont amassé malédiction, malheur et dispersion sur leurs têtes, pour n'avoir pas écouté la voix de ses serviteurs (Jér. 9, 11 ; 26, 4 ; 29, 15 ; 35, 15 ; 44, 4-10).

§ 2. *Citations.*

Après les allusions, les citations. La première se trouve Jér. 3, 1 : «Quand un homme répudie sa femme, et qu'elle le quitte et devient la femme d'un autre, peut-il revenir à elle ? Le pays ne serait-il pas profané ?» Reproduction presque littérale de la loi du divorce (Deut. 24, 1-4) : «Le premier mari qui l'a répudiée, ne pourra la reprendre pour femme, après qu'elle se sera souillée, car c'est l'abomination de l'Éternel et tu ne dois pas entacher de péché le pays que l'Éternel, ton Dieu, te donne en propriété.» Ici le prophète, comme dans l'allusion précédente, ne dit pas non plus qu'il en appelle à une loi, mais cela paraît si évident, d'abord parce que le passage du code explique si bien le sens de ses paroles, ensuite, parce que les deux questions posées pour confondre ses auditeurs et les forcer à prononcer eux-mêmes leur jugement, sont si nettement résolues dans le code. Par ces deux questions il veut montrer au peuple, lequel, par la réforme de Josias, croyait être rentré dans ses anciens droits d'époux de Jéhovah, que, ayant suivi d'autres dieux et ayant été souillé sous tout arbre vert, et sur toute colline éminente, il avait perdu, selon la loi, tout droit à un retour d'affection de son premier époux ; que celui-ci, loin de se laisser toucher par les marques extérieures d'affection, devait même les repousser impitoyablement. Pour leur faire sentir cette humiliation et leur faire comprendre la grandeur de leur chute, que la conversion de l'âme entière pouvait seule réparer, le prophète ne croyait pouvoir mieux faire que de leur poser deux questions qui ne permettaient aucune solution douteuse, et qui rappelaient à chaque auditeur, non une coutume générale qu'on pourrait détourner, mais une loi catégorique qui n'accepte pas de sous-entendus. Il va sans dire que le prophète ne croyait pas le retour de Jéhovah absolument impossible ; il veut seulement affirmer que le peuple, malgré ses démonstrations de piété, n'y avait aucun droit ; que, s'il se voit abandonné, il n'a qu'à s'en prendre à lui-même, et que s'il revient en grâces, ce n'est que par un effet de la pure bonté divine.

Mais passons à la citation capitale qui se trouve au chap. 34, 8-22, au sujet de l'affranchissement des esclaves. D'après la loi, l'Hébreu vendu à un autre comme esclave, devait, après six ans de service, être mis en liberté, et cela sans rançon. Ces dispositions ne paraissent pas avoir été exécutées sous Josias ; mais à l'approche des Chaldéens, son fils Zédécias, soit pour détourner la colère divine, soit pour augmenter le zèle de la défense, «fit une alliance avec tout le peuple de Jérusalem, dans le but de promulguer entre eux un affranchissement en vertu duquel chacun rendrait la liberté à son serviteur et chacun à sa servante, *homme et femme hébreux*, et personne ne prendrait pour esclave le Juif, son frère» (v. 9). Tout le peuple consentit à cet affranchissement ; mais les Chaldéens ayant levé le siége pour aller à la rencontre des Egyptiens, on se repentit de ce serment, jugeant probablement son exécution inutile, et on reprit les affranchis «pour se les assujettir de nouveau comme serviteurs et servantes.» Là-dessus le prophète leur reproche leur conduite coupable et profanatrice et leur annonce leur propre destruction (v. 13) : «Ainsi parle l'Éternel, Dieu d'Israël: Je fis une alliance avec vos pères, le jour où je les tirai du pays d'Egypte, de la maison de servitude, disant : Au terme de sept années vous affranchirez chacun votre frère, l'Hébreu qui se sera vendu à vous; il te servira six années, puis tu lui rendras sa liberté (v. 14); mais vos pères ne m'écoutèrent point et ne prêtèrent point l'oreille. Mais vous, vous êtes revenus en ce jour, et avez fait ce qui est droit à mes yeux, en promulguant chacun la liberté pour son prochain, etc.» (v. 17 : pour son frère et son prochain). Cette citation peut se rapporter soit à Ex. 21, 2-6, soit à Deut. 15, 12-19. Les deux dispositions se ressemblent beaucoup; seulement dans la première il y a des restrictions pour la servante qui ne peut pas sortir libre, mais qui doit être rachetée, si le maître ne se la destine pas; s'il la donne à son fils, elle ne peut sortir sans rançon, que si on lui retranche quelque chose de ses droits de femme. Dans la seconde, au contraire, les servantes sont mises au même rang que les esclaves. Il y a encore une autre différence : dans l'Exode, le serviteur, qui veut rester, doit être amené *devant Dieu*, et là on doit lui percer l'oreille avec une alène, cérémonie qui disparaît dans le Deutéronome, en ce sens que le maître peut la pratiquer dans sa propre maison. Voici ces lois: Exod.: «Si tu *achètes* un esclave *hébreu*, il servira six années, et la septième il sortira *libre gratuitement.*» Deut. : «Si ton frère, *Hébreu ou femme de la race des Hébreux (Hebräer oder Hebräerin)*, s'est vendu à toi et t'a servi six ans, la septième année tu le laisseras sortir libre de chez toi; tu ne le renverras *pas à vide*; gratifie-le d'un don pris sur ton menu bétail, sur ton aire et sur ton pressoir; c'est ce dont l'Eternel, ton Dieu, t'aura béni, que tu lui donneras;» v. 17: «et *pour ta servante tu procéderas de même.*» L'on voit, le prophète n'en cite aucune textuellement, il n'était non plus tenu de savoir son code par cœur, mais on peut affirmer catégoriquement qu'il songe de préférence au Deutéronome, et cela pour la grande raison que dans tout le chapitre les servantes sont aussi mises sur le même rang que les esclaves, ce qui prouve qu'on s'était engagé à accomplir les prescriptions de ce code; puis il est question aussi, par extension, de la liberté du prochain, dont l'Exode ne dit rien, mais qui est mentionnée dans Deut. 15, 2. En outre, il y a une ressemblance frappante, presque littérale, entre Jér. 34, 14, et Deut. 15, 12: d'abord l'esclave qui s'est vendu, qui est nommé le frère; puis la qualification de הָעִבְרִי וְהָעִבְרִיָּה qui sont identiques (Jér. 34, 9); dans l'Exode il ne se trouve que le terme d'esclave hébreu; puis surtout, le prophète appuie intentionellement sur la sortie d'Egypte et fonde l'obéissance à cette loi sur cette sortie d'Egypte, la *maison d'esclavage,* ce qui dans le Deutéronome est toujours le motif pour l'accomplissement des prescriptions de ce code, et en particulier de celle-ci: «Et souviens-toi que tu fus esclave dans le pays d'Egypte et que l'Eternel, ton Dieu, t'a racheté; c'est pourquoi je te prescris aujourd'hui ces commandements» (Deut. 15,15); tandis que dans l'Exode la loi n'est motivée en aucune manière; c'est un ordre formel du législateur, qui veut avant tout qu'on obéisse sans raisonner sur le pourquoi de la loi. Mais un autre point nous frappe dans ce passage du prophète : cette septième année dans l'Exode et le Deutéronome porte le nom de «*Schenath haschemitha,*» année de remise ; or, le prophète n'emploie pas ce mot technique, mais celui de «*Deror,*» liberté, qui figure aussi Ézech. 46, 17, et qui dans le Lévitique est le terme technique pour désigner l'année du Jubilé revenant tous les cinquante ans. Pourquoi ne cite-t-il pas la loi sur les esclaves qui se trouve dans le troisième livre de Moïse ? Il est vrai que cette loi donnait raison à ses adversaires, en un point du moins, celui de la durée du service fixé à cinquante ans ; mais il ne paraît guère qu'ils se soient servis de cette arme contre le prophète, qui d'ailleurs n'aurait pas eu à la redouter, car cette même loi lui en fournissait une plus décisive que le Deutéronome, puisqu'elle ne reconnaît en aucun cas la légitimité de l'esclavage. Voici ce qu'elle dit, Lév. 25, 39 sq. : «Si ton frère s'appauvrit à côté de toi, et se vend à toi, *tu ne lui feras pas faire de service servile*, il sera chez toi comme *mercenaire* et comme *étranger*, il sera à ton service jusqu'à *l'année du Jubilé*; alors il sortira de chez toi, lui et ses fils avec lui, *pour rentrer dans sa famille, pour rentrer dans la propriété de ses pères*. Car ce sont *mes* serviteurs que j'ai tirés du pays d'Egypte, *ils ne doivent point être vendus comme esclaves* ;» v. 46 : «Ne faites pas entre frères peser une dure autorité sur vos frères, les enfants d'Israël.» Il y a évidemment ici une autre conception religieuse, clairement exprimée dans v. 23 et 35 : «Le pays ne doit pas être vendu de manière à être aliéné pour toujours, car le pays appartient à l'Eternel, et *les Israélites n'y sont que des étrangers et des locataires chez lui.*» «Car les enfants d'Israël *me* sont des esclaves. Ils sont *mes* esclaves que j'ai tirés du pays d'Egypte.» Cette loi pose en principe l'égalité civile des Hébreux, égalité excluant radicalement l'esclavage; elle respire une touchante sollicitude pour l'infortune, à laquelle elle veut épargner au moins les traitements inhumains. Comment comprendre que le plus tendre et le plus éprouvé des prophètes ne la cite pas, lui qui souligne si explicitement que tous les Hébreux sont frères, et déclare juste et agréable à Dieu, qu'aucun ne prenne plus pour esclave le Juif, son frère? Il n'y a qu'une seule réponse possible: il ne connaissait pas cette loi, et, au lieu de dire que le terme dont il se sert (*Deror*) et l'idée de l'illégitimité de l'esclavage qui semble être l'âme du passage de Jérémie (34, 9), prouvent que le prophète songeait non plus tant au Deutéronome qu'au Lévitique, nous croyons être plus près de la vérité en disant que c'est lui qui a inspiré cette disposition vraiment chrétienne du Lévitique.

Ouvrons encore ici une courte parenthèse pour n'avoir plus à revenir à ces trois lois, qui nous donnent un résumé de nos conclusions. En se demandant laquelle des trois dispositions est la plus ancienne, on peut répondre, à notre avis, avec certitude: celle de l'Exode, puis celle du Deutéronome, en troisième lieu celle du Lévitique ; car les prescriptions progressivement plus douces, ainsi que la différence du motif religieux, nous paraissent être une marque indubitable du progrès des conceptions humanitaires et morales, partant de la rédaction postérieure. Dans l'Exode, l'esclave hébreu est acheté, la septième année il sort gratuitement, mais non la servante; le tout n'est nullement motivé; dans le Deutéronome, l'esclave et la servante se vendent, sortent tous deux la septième année, mais gratifiés de dons, dont leur maître est béni; on rappelle à ce dernier que l'esclave est son frère, et que lui aussi a été esclave en Egypte, points qui tous se retrouvent chez Jérémie. Dans le Lévitique, la liberté n'est accordée, il est vrai, que dans la cinquantième année, ce qui ne paraît pas constituer un progrès, mais qui n'a lieu aussi que si l'esclave ne peut se racheter ou être racheté par un de ses proches. Alors encore il y a ample compensation, car il ne s'agit plus ici d'esclavage, ni de sortir libre ou gratifié, mais bel et bien de rentrer dans les propriétés des pères, parce que pays et propriété appartiennent à Jehovah dont tous sont locataires. Mais de mauvais traitements ne sont plus autorisés ici, tandis que dans l'Exode le maître a le droit de battre son domestique et sa servante, pourvu qu'ils ne meurent pas immédiatement, sans quoi il y aura vindicte; mais dans le cas d'un ou de plusieurs jours de survie, la vindicte ne s'exercera pas, *car c'est son argent* (Ex. 21, 20).

§ 3. *Tendance et style.*

Il est donc positivement établi pour nous, que Jérémie non seulement connaît un code, mais qu'il s'y appuie expressément, et que ce code est principalement celui qui provoqua la réforme de Josias, c'est-à-dire le Deutéronome. Ce code a même exercé une influence directe et visible sur l'esprit et le style du prophète. D'abord, qu'est-ce que ce code ? On ne saurait mieux le caractériser qu'en le désignant de *loi prophétique*. Pour mettre en relief le souffle général qui l'anime, il suffit de citer Deut. 10, 12 : «Et maintenant, Israël, qu'est-ce que l'Eternel, ton Dieu, exige de toi, sinon de craindre l'Eternel, ton Dieu, de marcher dans toutes ses voies et de l'aimer ; de servir l'Eternel, ton Dieu, de tout ton cœur et de toute ton âme[1] et de garder les commandements de l'Eternel et ses statuts que je te prescris aujourd'hui pour ton bien.... En conséquence, circoncisez le prépuce de vos cœurs et n'ayez plus le col raide. Car l'Eternel, votre Dieu, est le Dieu des dieux, et le Seigneur des seigneurs, le Dieu grand, puissant et redoutable qui ne fait point acception des personnes, et n'accepte point de présents, qui fait droit à l'orphelin et à la veuve et aime l'étranger et lui donne nourriture et vêtement.» L'auteur insiste surtout sur la religion intérieure, et cette exhortation anxieuse à la pénétration spirituelle de la loi revient un nombre infini de fois. Par cet esprit prophétique, cette législation se distingue nettement de celles qui la précèdent ; son auteur partage aussi avec les prophètes l'attente de la transformation et rénovation radicales qu'entraîneraient à leur suite les malheurs et épreuves de l'exil. Un autre signe caractéristique est que dans ce livre la législation n'est pas présentée comme une révélation directe faite à Moïse, comme c'est le cas pour les livres

[1] 6, 5 : et de toute ta puissance.

antérieurs, ni sous forme d'ordres positifs, sévères, laconiques ; elle se donne plutôt sous l'aspect d'un discours libre, oratoire, prophétique, sous la forme d'une prédication chaleureuse, inquiète même, revenant souvent et volontiers à un même thème favori, s'y arrêtant à dessein, ce qui produit au premier abord une impression d'emphase qui ne laisse pas d'être parfois un peu fatigante. Une impression toute semblable résulte de la première lecture de Jérémie : le style du Deutéronome a si visiblement déteint sur le sien qu'il n'est pas rare de rencontrer chez lui des images et des expressions du code, comme des formules stéréotypes qui terminent ses discours. Nous n'avons garde d'adresser le moindre blâme ni à l'un ni à l'autre ; nous ne le ferions pas au code auquel la bouche du Sauveur a rendu ce beau témoignage d'avoir exprimé le plus grand des commandements, celui qui contient et qui résume toute la loi et tous les prophètes : d'aimer Dieu de tout son cœur, et son prochain comme soi-même. Nous ne le ferions pas davantage à Jérémie, à coup sûr un des plus nobles, des plus touchants et des plus intrépides caractères de l'ancienne alliance, et en tout point un si digne précurseur de la nouvelle, qu'au milieu de ruines et d'amertumes sans nom il a entrevue et décrite avec une émotion, une vérité et des couleurs incomparables. Puis, cette emphase n'est pas tellement importune qu'on veut bien le dire ; certes, elle n'a pas sa raison dans une pauvreté d'idées ou d'images ; car les discours de Jérémie renferment des pages d'une telle élévation de vues et de langage, d'une fraîcheur si vigoureuse, qu'elles ne seraient pas déplacées chez le prince des prophètes, Esaïe. Mais une autre raison l'explique et la justifie aux yeux du lecteur sympathique, et celle-ci est tout à l'honneur des deux auteurs : le législateur, possédé et pénétré d'une grande idée qu'il voudrait inculquer dans l'âme de son peuple, y revient incessamment; le prophète, empreint d'une tristesse ineffable à la vue de l'inutilité de sa mission et de la catastrophe imminente qui devait engloutir sa nation, en proie à des angoisses si lugubres qu'elles lui ont fait dire qu'il voudrait habiter dans le désert, loin des hommes et pleurer nuit et jour sur la légèreté de son peuple, laisse échapper souvent les mêmes notes tristes et véhémentes, comme une douleur profonde aime à s'épancher dans les mêmes complaintes. Jérémie est monototone comme tout homme qui souffre.

Une autre tendance commune à nos deux auteurs est la polémique passionnée contre les cultes idolâtres, en particulier contre l'astrolâtrie, le culte de la reine du ciel (Deut. 4, 19; 17, 3; cf. Jér. 7, 18; 19, 13; 44, 17). Ce zèle passionné et cette haine violente contre l'idolâtrie jettent même une certaine ombre défavorable sur le code. Cette loi, d'ordinaire si douce et si humaine, ordonne l'extirpation impitoyable de tous les Cananéens et de leurs abominations, ce qu'on ne peut comprendre que par le but principal de l'auteur qui, désirant introduire la rigoureuse centralisation du culte, devait interdire formellement le culte des hauts-lieux, et couper court par là à toutes les occasions de participer à l'idolâtrie. Il ne veut reconnaître que l'adoration de l'Eternel en un seul endroit; le *culte sous les arbres verts* et sur les *collines éminentes* est pour lui une *abomination* par laquelle l'Eternel ne veut pas être provoqué. Jérémie désigne par les mêmes expressions tout culte en dehors du temple; il le dépeint avec une mordante ironie comme un coupable et honteux adultère par lequel le peuple s'est souillé et avili aux yeux de l'Eternel, son époux (Jér. 3, 6; 2, 20; Deut. 12, 2). Nos deux auteurs ne se rencontrent pas moins souvent dans le persifflage des idoles, qu'ils décrivent comme des œuvres de bois et de pierre, faites de main d'homme; ils opposent cette œuvre de néant au Seigneur des cieux, au Dieu tout-puissant, incomparable; cependant le code ne renferme nulle part la dénomination de «Dieu des armées», qui se rencontre presque partout chez Jérémie.

Dans ces passages se trouve la singulière tournure: ce que je ne vous ai pas ordonné, de servir des dieux étrangers (Deut. 17, 3; Jér. 32, 35; 19, 4). Toutefois, si le peuple persiste dans sa rébellion, on le menace qu'un tel culte lui sera imposé: alors, il pourra servir d'autres dieux qu'il n'a point connus; ni lui, ni ses pères, et c'est d'eux qu'il pourra implorer du secours (Deut. 28, 26. 64; Jér. 44, 3).

Dans ses menaces, Jérémie répète d'ordinaire les malédictions du code, surtout celle-ci: «Je les poursuivrai de l'épée, de la famine et de la peste et je les exposerai aux avanies de tous les royaumes de la terre, à l'exécration et à la désolation, et à l'opprobre et à la dérision parmi tous les peuples où je les disséminerai» (Jér. 15, 4; 29, 18; 44, 12. 22; 49, 13; Deut. 28, 25 37). Pour rendre à Israël cette honte bien visible, on lui représente encore les peuples étrangers qui, passant devant ses villes détruites et son pays ravagé, se demandent avec étonnement : Pourquoi l'Eternel a-t-il agi ainsi envers son peuple ? Parce que celui-ci a rompu son alliance et n'a pas écouté la voix de son Dieu (Jér. 22, 9 ; 28, 19 ; 35, 15 ; 16, 11 ; Deut. 29, 23). Ce peuple rebelle, nommé d'après le nom du Seigneur, est un peuple qui n'a ni cœur ni intelligence (Jér. 14, 9 ; 5, 21 ; Deut. 28, 10 ; 29, 4), et sera nourri d'absinthe et abreuvé d'eaux vénéneuses (Jér. 9, 14 ; 23, 15 ; Deut. 29, 17), livré à un peuple venant du lointain, du Nord, dont il ne comprend pas la langue, lequel dévorera les moissons, les fils, les filles, les vignes et figuiers d'Israël, et détruira ses villes fortes. Ces menaces se rencontrent presque textuellement Deut. 28, 49, et Jér. 5, 15. Mais on trouve surtout chez eux et plus que chez tous les autres prophètes, le ton de pieuse admiration, en souvenir des grands signes et miracles accomplis en Egypte et dans le désert. Quant au premier pays, ils le nomment la maison de servitude, ou le fourneau de fer d'où l'Eternel a tiré Israël *de sa main forte et de son bras étendu.* Cette dernière expression revient toujours ; il est singulier que dans l'Exode, il ne se trouve que celle de : «la force de son bras.» Quoique Jérémie ne désigne jamais de plus près ces miracles et ne cite même aucun fait historique [1], comme, par exemple, Amos et Osée, il profite pourtant de chaque occasion pour rappeler au

---

[1] Une seule allusion se trouve 3, 16 : On ne fera pas une seconde arche de l'Alliance.

peuple les grands bienfaits de l'Eternel depuis les jours de sa jeunesse, quand il les conduisit à travers le désert aride, inhabité, la terre de la sécheresse et de la mort (Jér. 2, 5), quand, du matin au soir, il leur a envoyé ses serviteurs, les prophètes, mais qu'Israël est toujours resté incirconcis d'oreilles et de cœur ; il reproche même à ses contemporains l'entêtement de leurs pères pour les confondre (2, 2) et souligne expressément chaque fois les écarts de leurs ancêtres.

Nous avons déjà dit que tous deux insistent surtout sur la religion intérieure ; c'est ainsi qu'ils parlent de la circoncision du cœur (Jér. 4, 4), de l'écriture des lois divines sur l'âme (Jér. 31, 33; Deut. 6, 6), d'aimer Dieu de toute son âme, de se tourner vers lui de tout son cœur (Jér. 29, 13) ; cette dernière exhortation est la plus fréquente et est complètement inconnue aux autres législateurs. Plus d'une fois même, Jérémie termine ses discours par des exhortations qui se retrouvent presque littéralement dans le code. Ainsi, Jér. 22, 16. 3 ; 35, 15 ; surtout 7, 6 : «Car, si vous amendez votre conduite et vos œuvres, si vous exercez la justice les uns à l'égard des autres, si vous n'opprimez pas l'étranger, la veuve et l'orphelin, si vous ne répandez pas le sang innocent dans ce lieu, et si vous n'allez pas après d'autres dieux à votre détriment, alors je vous ferai habiter en ce lieu, dans ce pays que je donnai à vos pères, de l'éternité à l'éternité» (Cf. Deut. 10, 17 ; 27, 25, etc. etc). Nous nous arrêtons là, notre intention n'étant pas de compter toutes les tournures participiales et infinitives qui se retrouvent chez nos deux auteurs, et encore moins de refuser toute originalité à Jérémie ; nous n'avons voulu relever que ce qui frappe le plus, même à première vue. Nous ajoutons encore que les deux ne font aucune distinction entre les lévites et les prêtres, ce dont nous aurons à parler au long plus loin, et qu'ils sont les premiers qui commencent à combattre l'idée populaire et antique de la rémunération (Deut. 7, 10 ; 24, 16 ; Jér. 31, 29), mais pas avec cette rigoureuse conséquence qu'on leur prête d'ordinaire ; car, dans leurs menaces, ils reviennent toujours de nouveau à cette vieille idée, Jérémie même une fois dans une prière (Deut. 28 ; Jér. 2, 9 ; 15, 4 ; 16, 11 ; 32, 18). Celui qui l'a combattue et renversée formellement, c'est Ezéchiel (ch. 18).

Seconde partie.

CHAPITRE PREMIER.

Lois inconnues à Jérémie; leur rapport avec les précédentes.

Le prophète jusqu'ici, s'est toujours appuyé sur le Deutéronome, avec lequel il se trouve de plus dans une parenté intime d'esprit et de style; examinons maintenant, s'il n'en appelle jamais à une autre partie du code mosaïque, ou mieux, s'il n'en connaît aucune autre loi. Le premier passage qui se présente ne donnera encore qu'une réponse approximative à notre question. D'après Jér. 17, 19-27, le prophète reçoit l'ordre d'aller à toutes les portes de Jérusalem et d'exhorter sévèrement à l'observation rigoureuse du jour de repos. Il dit: «Ainsi parle l'Eternel: Prenez garde à vous, pour l'amour de vos âmes, et ne portez pas de fardeaux le jour du repos, et ne les faites pas passer par les portes de Jérusalem et ne transportez aucun fardeau hors de vos maisons le jour du repos, et ne faites aucune œuvre; mais sanctifiez le jour du repos, *ainsi que je le prescrivis à vos pères*. Cependant ils n'obéirent pas et ne prêtèrent pas l'oreille, mais roidirent leur col, pour ne point écouter et ne point recevoir la correction.» Il semblera sans doute étrange qu'une institution aussi ancienne que celle du sabbat, qui était évidemment une coutume sacrée longtemps avant Moïse, ait été si peu observée du temps de Jérémie; mais sous Néhémie encore, des transgressions du même genre eurent lieu, et on sait par quel moyen pratique ce dernier y mit fin pour toujours (Néh. 13, 15). Voici en quoi consistait cette violation : le peuple des campagnes profitait de ce jour de repos pour porter en ville ses produits agricoles, ce qui disposait les habitants de la ville à prendre part aux sacrifices du temple et à exposer leurs marchandises. Il paraît même que les rois favorisaient ces marchés. — Leur conduite prouve au prophète qu'on fait peu de cas de la loi divine; il les menace du feu du ciel qui dévorera leurs palais, s'ils persistent dans l'endurcissement de leurs pères; mais s'ils consentent à s'abstenir de tout travail, il leur promet la bénédiction céleste et l'heureuse durée de leur ville. Pour appuyer son exhortation, il n'emploie que la parole vague : «comme je prescrivis à vos pères,» parole qui se rapporte évidemment en premier lieu au Décalogue. Cette allusion si générale a lieu de nous étonner; le Pentateuque renferme beaucoup de lois sabbatiques, très-diversement motivées, et punissant même de la peine de mort la moindre transgression. Ainsi, dans le Décalogue de l'Exode (20, 8. 10), le repos est commandé en souvenir de celui de Dieu, après les six jours de la création; dans celui du Deutéronome (5, 14. 12), en souvenir de l'esclavage et de la sortie d'Égypte, pour que les serviteurs reposent comme le maître; d'après Ex. 31, 12-17, c'est le signe de la consécration du peuple par Jéhovah; «quiconque le profanera sera mis à mort; toute personne qui l'emploiera à une affaire, sera extirpée du milieu de son peuple;» quatre chapitres plus loin, on inculque au peuple assemblé *ad hoc* la sainteté de ce jour, dont la moindre profanation entraînera la peine de mort ; le Lévitique, de son côté, renferme des recommandations multiples pour la sanctification du sabbat. Ne doit-il pas paraître inconcevable que des lois aussi rigoureuses aient encore pu être violées à une époque aussi avancée, et bien plus incompréhensible, que Jérémie n'ait pas rappelé ces peines si sévères, au lieu de se contenter de la menace plus vague et plus générale du feu céleste, qui, résonnant presque journellement aux oreilles du peuple, devait l'intimider bien moins que l'ordre divin d'extirper impitoyablement le moindre transgresseur. Le Thirsatha n'a pas manqué de prévenir le peuple, qu'en cas de récidive, il mettrait la main sur le coupable ; aussi se gardèrent-ils bien de revenir à la charge (Néh. 13, 21). — Un autre point nous frappe encore : Jérémie et Néhémie disent expressément que leurs ancêtres ont toujours profané ce jour et nous savons en quoi consistait cette profanation ; or, jamais aucun prophète ne paraît les en avoir blâmés ; bien au contraire, Ésaïe parle avec une ironie pleine de mépris tant des sacrifices que des fêtes : « J'ai en horreur l'encens, les nouvelles lunes et les *sabbats*, la convocation de l'assemblée ; je ne souffre pas le crime et les fêtes solennelles» (Es. 1, 13)[1]. Peut-on comprendre qu'un prophète parle avec si peu de respect de prescriptions aussi formelles et aussi sévères que le sont les lois sabbatiques ? Voici que tout à coup ce ton de dédain disparaît complétement aux approches de

---

[1] Am. 5, 21 : Je hais, je dédaigne vos fêtes, et n'ai point égard à vos solennités.

l'exil, et surtout dans l'exil même. Le second Ésaïe insiste tout particulièrement sur la sanctification consciencieuse du jour du repos, qui était alors le seul lien religieux qui unît et distinguât le peuple juif; il rattache même des prédictions de bonheur et de salut à la joyeuse abstention de tout travail, voire même de toute parole inutile (Es. 56, 2. 4. 6; 58, 13 sq.) Le sabbat doit être «un jour saint, un délice honoré par la consécration de l'Éternel.» Mais il ne mentionne nullement la peine capitale, dont la loi ordonne de frapper les coupables, et, chose étonnante à tous égards, le Deutéronome, qui pourtant ne se montre guère avare pour décréter la peine de mort, ignore complètement cette peine pour la profanation du sabbat, dont il ne recommande d'ailleurs la célébration que dans la répétition du Décalogue; et certes, d'après tout ce que nous avons vu, la répétition des lois sabbatiques n'était rien moins que superflue. Ces diverses considérations nous engagent à admettre que ces lois n'ont été formulées avec une précision aussi rigoureuse que dans l'exil, et partant, que Jérémie n'en savait guère plus que ce qu'en disait le Décalogue; bien plus, nous croyons que c'est lui, le second Ésaïe, Ezéchiel, et peut-être d'autres prédicateurs de la captivité encore, qui ont contribué à les formuler avec une netteté aussi impitoyable, et que Jérémie a été le premier à exiger formellement ce repos absolu qui est si scrupuleusement observé jusqu'à nos jours.

Sur un autre point, et un point capital cette fois, il nous répondra lui-même, et avec une clarté si précise qu'elle ne souffre aucun équivoque. Voici ce que nous lisons Jér. 7, 21 sq.: «Ainsi parle l'Éternel des armées,

Dieu d'Israël: Ajoutez vos holocaustes à vos sacrifices, et mangez-en la chair!... Car *point n'ai-je parlé et point n'ai-je ordonné à vos pères*, le jour où je les tirai du pays d'Egypte, au sujet d'holocaustes et de sacrifices. Mais voici ce que je leur ai ordonné, disant: Obéissez à ma voix, et je serai votre Dieu et vous serez mon peuple, et suivez en plein la voie que je vous trace, afin d'avoir le bonheur. Mais ils n'obéirent point, etc., etc.» — D'où peut venir au prophète un tel langage? Le Lévitique et les Nombres sont remplis de dispositions qui se rapportent aux holocaustes et aux sacrifices, lesquels n'y figurent en aucun cas comme quelque chose d'accessoire; et cependant le prophète parle comme si de son temps personne n'avait eu connaissance d'une pareille législation révélée directement à Moïse au Sinaï; il cherche même à prouver le peu de valeur, bien plus, la complète inutilité des sacrifices par le fait que, lors de la sortie d'Egypte, l'Eternel ne les a pas commandés, n'en a même pas parlé. Certes, un pareil langage paraît absolument impossible, au temps de Josias surtout, où la loi venait d'être retrouvée, où peuple et roi s'étaient solennellement engagés par serment à observer de l'âme entière tous les statuts et commandements du livre de l'alliance, et ce langage se tient dans le temple, devant les oreilles de tout le peuple, et ce qui plus est, devant les prêtres dont l'existence dépendait de ces sacrifices, et à la garde desquels le dépôt de la loi avait été confié! Et aucun de ces prêtres ne cherche le livre de la loi qui était à quelques pas, aucun ne cite une de ces ordonnances pour convaincre le prophète d'erreur ou de mensonge, si lui, prêtre lui-même, avait parlé ainsi par ignorance! Admettons, par impossible, que ces prêtres n'aient pas connu ces lois, comment concevoir la même ignorance chez Jérémie, le prophète chez lequel on trouve le plus d'allusions à une loi écrite? Et si une telle ignorance chez le prêtre-prophète est plus inadmissible que pour tout autre, qui est-ce qui oserait, en face d'un prophète comme Jérémie, avancer l'assertion, que connaissant une telle loi révélée au Sinaï, il en ait néanmoins nié l'existence, dans l'intérêt de sa démonstration? Pour nous, point de doute; le souffle d'inspiration qui anime ces pages et en déborde, la profondeur religieuse des idées, le ton de véhémente conviction, nous sont un gage certain qu'ici le prophète ne parle pas «par audace,» mais «qu'il dit en vérité les paroles que l'Éternel a mises en sa bouche.»

Ce passage, quelque simple et explicite qu'il paraisse, n'a pas peu embarrassé les exégètes; les uns l'ignorent sans plus de soucis; d'autres l'arrondissent ou le torturent, jusqu'à ce qu'il se plie à leur système ou aux opinions traditionnelles. Les premiers nous dispensent de les réfuter, les seconds nous obligent à examiner la valeur de leurs assertions.

Quelques interprètes, entre autres un ancien professeur de notre faculté, Dahler, pour atténuer la force de la négation, l'expliquent ainsi: «Ce n'est pas là *le principal* de ce que j'ai ordonné à vos pères, après que je les eus fait sortir de l'Egypte; *mon premier* soin n'a pas été de leur prescrire des règles sur les holocaustes et les sacrifices, mais voici ce que je leur ai ordonné *surtout*.» — Le texte ne dit pas ce qui a été ordonné en premier lieu ou en second, ni ce qui a été ordonné surtout; il ne dit rien de plus et rien de moins que ceci : je vous ai ordonné de m'obéir et non pas de m'offrir des sacrifices. Et alors même que Jérémie dirait cela, je demanderai encore : Comment le prophète peut-il parler ainsi, quand le Lévitique affirme avoir été révélé bien longtemps avant le Deutéronome, et que les lois rituelles en sont un élément principal? sinon, on ne comprendrait vraiment pas pourquoi elles occupent une si grande place et pourquoi elles se distinguent tout juste des autres, en ce qu'elles sont développées jusque dans les plus petits détails.

Michaëlis, s'appuyant sur Amos 5, 25 : «M'avez-vous présenté des sacrifices et des offrandes dans le désert, pendant quarante ans, maison d'Israël?», veut trouver dans notre vingt-deuxième verset le sens suivant : «Jéhovah n'a pas demandé au désert les sacrifices qu'après la conquête de la Palestine les particuliers devaient offrir les jours de fête.» Il n'y a pas une seule syllabe dans le texte qui indique un pareil sens. En outre, c'est déplacer la difficulté; pour sauver la législation, on sacrifie l'histoire qu'Amos heurte de front. D'autres s'appuient sur le commencement du Lévitique, où (1, 2) il est dit: «Si quelqu'un de vous *veut* offrir une oblation à l'Eternel;» les sacrifices, dit-on, ne sont donc pas exigés et ordonnés, mais seulement réglés comme libres et volontaires. C'est là une subtilité bien rabbinique, et que la fin de ce groupe de lois se charge de réfuter suffisamment (7, 38) : «Le jour où Il *commanda* aux enfants d'Israël de présenter leurs oblations à l'Eternel dans le désert de Sinaï.» D'ailleurs, les sacrifices des fêtes ne sont absolument pas volontaires, témoin Nomb. 29, 2. 36, et surtout 29, 39: «Ce sont là les sacrifices que vous offrirez à l'Eternel dans vos solennités, *indépendamment* de vos vœux et de vos dons volontaires, en holocaustes, en offrandes, en libations, en sacrifices pacifiques.» (Cf. Lév. 23, 12. 18, etc.) Tout cela d'ailleurs ne rendrait guère l'intelligence de notre passage plus facile; Jérémie ne parle ni de sacrifices libres, ni de sacrifices ordonnés; il dit catégoriquement qu'on n'a rien prescrit au sujet des sacrifices (*al dibré*).

M. Ewald croit que le prophète parle ici de sacrifices *brillants* et *volontaires*, lesquels ne sont pas commandés dans le Pentateuque. Rien, absolument rien dans le texte, n'autorise une pareille interprétation; si elle était exacte, l'on ne pourrait que s'étonner que Jérémie, l'auteur le plus prolixe de l'Ancien Testament, soit concis en cet endroit, au point d'omettre des adjectifs si importants; ce ne sont d'ordinaire pas les épithètes qui font défaut au prophète. En second lieu, si les sacrifices des Nombres ne sont pas assez brillants pour les exégètes, on ne peut que regretter qu'il ne se soit pas trouvé un 8e ou 9° éditeur du Pentateuque, pour en régler de plus grandioses encore. Mais faudra-t-il expliquer dans le même sens tous les passages de l'Ancien Testament qui semblent faire peu de cas des oblations? Ne parleront-ils toujours que des sacrices brillants et volontaires? Voici d'abord deux psaumes qui les traitent avec un souvenir dédain. Ps. 50, 9-14: «Je n'irai pas prendre des taureaux dans ta maison, ni des béliers dans tes bergeries; car à moi sont toutes les bêtes des forêts, les animaux des montagnes par milliers ; je connais tous les oiseaux des montagnes, et les bêtes des champs sont en mon pouvoir. Si j'avais faim, je ne te le dirais pas ; car à moi est le monde avec ce qu'il enserre. Est-ce que je mange la chair des taureaux et bois le sang des boucs ? Fais à Dieu l'offrande de tes actions de grâces, etc.» Le second est plus irrévérencieux encore ; il se permet de dire que Dieu n'en veut pas du tout. Ps. 51, 18 : «Car tu n'aimes pas les sacrifices, sinon j'en offrirais ; les holocaustes ne te sont pas agréables. Le sacrifice que Dieu veut, c'est un esprit contrit.» Samuel lui-même, qui pourtant en a offert, dit à Saül : «L'Eternel prend-il plaisir aux holocaustes et aux victimes, comme à l'obéissance rendue à l'Eternel ? Voici, l'obéissance est plus qu'une belle victime, l'attention plus que la graisse des béliers» (1 Sam. 15, 22). Osée déclare de même, que Dieu aime la piété, et non les sacrifices, et la connaissance plus que les victimes (Os. 6, 6 ; cf. Am. 5, 21 ; Mich. 6, 6). Esaïe n'est pas moins dédaigneux (1, 11) : «Que me fait le nombre de vos sacrifices ? dit l'Éternel ; j'ai à satiété des holocaustes de béliers et de la graisse des veaux gras ; et au sang des taureaux et des agneaux et des boucs je ne prends pas plaisir. Quand vous venez vous présenter devant moi, qui vous demande de fouler mes parvis ? N'offrez plus d'oblations menteuses.» Ces passages montrent assez quel cas les prophètes faisaient des rites extérieurs du culte, et sont le meilleur commentaire des paroles de Jérémie. Du reste, la meilleure preuve que notre prophète a en vue le rituel des oblations en général, c'est qu'il ne se contente pas seulement de détruire la vaine illusion, qu'il suffise d'observer scrupuleusement les dehors de la religion, de présenter des offrandes, pour réparer les fautes commises, détourner les châtiments et réconcilier Dieu ; il va même bien plus loin, il dit formellement que *pas même le Temple*, qui pourtant porte le nom de l'Eternel, ne saurait présenter le moindre refuge assuré, ne saurait, en aucun cas, préserver des châtiments, et que la désobéissance prolongée entraînerait la ruine inévitable du pays et de ses habitants, ainsi que la destruction du sanctuaire, lequel ne saurait mériter plus d'égards et de ménagements que le temple de Scilo, où cependant jadis l'Eternel fit aussi habiter son nom. En présence de paroles aussi claires et aussi explicites, est-il permis, nous le demandons, d'infirmer et de détourner avec un tel arbitraire, la force et le profond sens religieux de plusieurs chapitres, jusqu'à ce que ces passages rentrent docilement dans notre savant et subtil système ? Ne jeterait-on pas des hauts cris, et avec raison, si on voulait appliquer un pareil mode d'interprétation aux textes pauliniens ? Les textes ont-ils à s'adapter humblement à nos opinions, ou ne doivent-ils pas plutôt les déterminer et les former ?

En dernier lieu, M. Kleinert de Berlin (p. 90) [1], argumente de la manière suivante : «Si ce passage devait nier en général, qu'avant l'entrée dans la terre sainte, on ait présenté des sacrifices, *il démontrerait trop*, à savoir qu'il n'y a pas eu du tout une loi cérémonielle sinaïtique, ce dont le Deutéronome ne dit rien, ou plutôt dont il dit le contraire (12, 6).» Mais aussi Jé-

---

[1] *Das Deuteronomium und der Deuteronomiker* (1870).

rémie ne dit nullement ceci, mais seulement, *qu'au jour, où Dieu fit sortir Israel du pays d'Egypte, ainsi de l'autre côté de la mer rouge encore*, rien n'a été ordonné de ces sacrifices, mais que l'exigence principale de Dieu se rapportait alors à l'obéissance et à la connaissance. On ne pourra point nier que cette opinion du prophète rend exactement Ex. 6, 6. 7[1], d'autant plus que les expressions de la promesse qui suit: «moi votre Dieu, vous mon peuple,» concordent parfaitement dans les deux passages, et qu'en outre, cette exigence primitive de Dieu (Ex. 6, 7), est rapportée explicitement (Jér. 7, 24; cf. Ex. 6, 9). Cette remarque peut également se faire à M. Graf, qui emploie même ce passage de Jérémie jusqu'à conclure que toute la législation cérémonielle date de l'exil et lui est même postérieure. Mais il n'est pas permis de ne pas tenir compte de passages tels que Lév. 9, 22. («*Solche Stellen lassen sich nicht so ohne weiteres aus der Welt dekretieren.*»)

Il est parfaitement vrai que Jérémie ne dit pas, qu'avant la conquête du pays, on n'a pas offert de sacrifices; il dit seulement qu'on n'a rien prescrit à ce sujet, et que le peuple, dans le désert ainsi que depuis, n'a jamais obéi, restant toujours sourd à la voix des

---

[1] V. 6, En conséquence dis aux enfants d'Israël : Je suis l'Éternel, et je vous soustrairai aux corvées de l'Egypte et vous délivrerai de leur servitude, et vous sauverai avec un bras étendu et de grands jugements, et je vous *adopterai* comme mon peuple, et je serai votre Dieu vous sentirez que je suis l'Éternel votre Dieu, qui vous délivrera des fardeaux de l'Egypte. — V. 9, «Et Moïse parla ainsi aux enfants d'Israël, mais ils n'écoutèrent point Moïse, par effet de leur impatience et de la dure servitude.»

prophètes. Mais Amos dit formellement qu'on n'a pas sacrifié dans le désert, et M. Kleinert ne trouve pas qu'il exagère et en dise trop. Au contraire, il trouve qu'Amos confirme cette notice personnelle de Deut. 12, 8 : «Vous ne ferez pas tout ce que nous faisons ici aujourd'hui, où chacun agit à son gré.» Si donc le Deutéronome ne dit pas qu'il n'existait aucune loi cérémonielle sinaïtique, il dit au moins bien positivement que cette loi n'était jamais observée, et excuse même cette négligence par le fait que jusqu'ici le peuple n'est pas encore entré dans son lieu de repos. Ces deux notices, à ce que pense M. Kleinert, *complètent* les récits historiques du Protonome dans un point très-important; à notre avis, elles les complètent même si bien qu'elles les renversent tout simplement. Ensuite il est assez singulier que le 6ᵉ verset (il eut-été plus exact de dire le 11ᵉ) doive recommander le Lévitique et prouver l'existence de ce dernier, alors que dans ce 12ᵉ chapitre les revenus que les Nombres et le Lévitique assignent aux prêtres, sont employés à des banquets de famille, auxquels le prêtre ne doit pas être oublié et dont le Protonome ne sait rien du tout. Certes, il n'y avait guère moyen de moins intéresser les prêtres à l'observation des lois rituelles qu'en faisant manger leurs revenus par d'autres. Mais revenons à Jérémie qui, pour ne pas démontrer trop, doit dire tout simplement que le jour de la sortie d'Egypte, partant avant le passage de la mer Rouge, on n'a rien ordonné en fait de sacrifices. Ceci, qu'on nous le pardonne, est vraiment plus que naïf. D'abord, qu'elle serait donc la valeur d'un pareil raisonnement? on aurait pu en dire autant de toute la législation en général. Ensuite, nous croyons savoir, que le jour même de la sortie, il n'a été rien ordonné du tout, vu que l'institution de la Pâque a déjà été réglée en Egypte même; au moins les rabbins appliquent le terme *beïom* à la première loi qui a été donnée à Mara; mais ceci a eu lieu après le passage de la mer Rouge, et nullement avant. Il serait très-difficile de dire ce que Moïse a ordonné depuis la sortie jusqu'à la mer aux algues; et il est même probable que Jérémie n'en savait pas beaucoup plus que nous. D'ailleurs, voici ce qui est plus singulier encore: pour rappeler les paroles qui auraient été prononcées le jour de la sortie, Jérémie rapporterait ce qui a été dit lors de la vocation de Moïse, avant qu'aucune des dix plaies n'ait encore frappé l'Egypte. La prophète n'avait donc pas bonne mémoire, ou n'était pas bien fort en histoire. Il est vrai qu'il y a quelques expressions qui se rencontrent, mais elles se trouvent encore mieux ailleurs. Jérémie dit : *Obéissez à ma voix et je serai votre Dieu et vous mon peuple*; l'Exode ne pose pas du tout cette condition; il dit que Dieu a vu les dures épreuves de son peuple et qu'en souvenir de l'alliance avec leurs pères, il les tirera de l'Egypte et *les prendra comme son peuple et sera leur Dieu*. Je ne vois pas dans le 7ᵉ verset une seule syllabe de cette exigence primitive (*Urforderung*), et toute la ressemblance que présentent les versets 24 de Jérémie et 9 de l'Exode, consiste en ce que les deux disent que *le peuple n'obéit point*; mais, tandis que l'Exode atténue cette différence et la met sur le compte de l'impatience et de la dure servitude, le prophète l'accentue fortement en ajoutant : «Et ils ne prêtèrent point l'oreille, et ils marchèrent en suivant les conseils et l'obstination de leur cœur mauvais, et me tournèrent le dos, et non pas le visage.» Enfin, il n'est pas permis de restreindre cette expression : «le jour où je les tirai d'Egypte,» à la journée même de la sortie ; car nous avons déjà trouvé plusieurs fois cette expression pour désigner tout simplement le séjour au désert. Ainsi Jér. 34, 13 (loi sur les esclaves), il parle de l'alliance faite le jour où je tirai vos pères du pays d'Egypte, et surtout Jér. 11, 4, il est parlé dans les mêmes termes de l'alliance conclue dans le pays de Moab (31, 32). Nous croyons donc que M. Kleinert a porté des coups assez inoffensifs à l'explication de M. Graf, et jusqu'à meilleure et plus solide réfutation, nous nous en tiendrons à l'interprétation de ce dernier. Quant au passage Lév. 9, 22, où il est question du premier sacrifice d'Aaron, nous osons croire, non pas que les passages d'Am. 5, 25, et Deut. 12, 8, le complètent, mais qu'ils le relèguent tout simplement dans une autre sphère que celle de l'histoire.

Revenons à notre texte ; nous n'avons pas à nous demander s'il dit trop ou trop peu, mais avant tout ce qu'il dit, et heureusement il est un de ceux qui disent bien ce qu'ils veulent dire. Déjà au commencement (Jér. 7, 3), le prophète accentue fortement, que c'est par l'observation des lois morales seules (à savoir : «Si vous amendez votre conduite et vos œuvres, si vous exercez la justice à l'égard des uns et des autres, si vous n'opprimez pas l'étranger, la veuve et l'orphelin, si vous ne répandez pas le sang innocent dans ce lieu, et si vous n'allez pas après d'autres dieux pour les servir») que pourra être regagnée la grâce et la bonté de Dieu, et assurée la possession tranquille du pays des pères ; il insiste surtout et essentiellement sur la conduite morale ; cela ressort déjà avec évidence du v. 9, où il énumère les principaux crimes interdits par le Décalogue : « Dérober, tuer, commettre adultère, prêter de faux serments, encenser Baal, aller près d'autres dieux que vous ne connaissez pas, » et avec non moins d'évidence de la fin de tout ce fragment, 9, 23 : « Mais si l'on se glorifie, que ce soit d'avoir l'intelligence et de me connaître, car je suis l'Éternel qui fais grâce, droit et justice dans le pays ; *car c'est à cela que je prends plaisir*, dit l'Eternel. Quant à la valeur qu'il attribue au culte extérieur, il l'exprime assez nettement dans ces paroles pleines de dédain : « Ajoutez vos holocaustes à vos sacrifices et mangez-en la chair ! » dans celles-ci (6, 20) : « Que me fait cet encens venu de Séba, et ce roseau odorant apporté d'un pays lointain ? Vos holocaustes ne me plaisent pas, vos sacrifices ne me sont pas agréables ; » dans cet autre passage (14, 12) : « S'ils jeûnent, je n'écouterai pas leurs requêtes, et s'ils m'offrent des holocaustes et des oblations, je ne les agréerai point. » N'est-ce pas là ce que les prophètes prêchaient constamment ? Ne répétaient-ils pas sur tous les tons, que les rites extérieurs du culte n'ont aucune valeur, s'ils ne sont pas l'expression de la piété vraie, intérieure, qu'ils ne sauraient en aucun cas remplacer celle-ci et mériter la bienveillance divine, qui n'exige que l'obéissance et la pratique de la justice ? Pour mieux mettre en évidence ces vérités, Amos se base sur ce que, durant tout le trajet du désert, pendant quarante ans, on n'a présenté ni sacrifices, ni offrandes ; et cependant le peuple était alors sous la direction toute paternelle de son Dieu. De même, pour montrer la vanité de toutes les pratiques extérieures, Jérémie se base sur le fait, qu'à l'époque où Dieu a donné des lois à son peuple, il ne lui a adressé ni paroles, ni ordre en ce qui concerne ces pratiques, preuve évidente que de son temps personne ne savait rien d'une législation cérémonielle ; car le prophète dit formellement qu'il n'a été donné que des prescriptions morales.

Pour ce qui est des paroles que Jérémie cite ici et qui auraient été prononcées lors de cette alliance, elles ne se retrouvent pas sous cette forme dans le Pentateuque ; elles ne font que résumer ce qui est dit en termes analogues ou plus développés dans la première partie de l'Exode et dans le Deutéronome, surtout Deut. 26, 17 sq : « Aujourd'hui tu as obtenu de l'Eternel la déclaration *qu'il sera ton Dieu* et que tu dois *marcher dans ses voies*, et garder ses statuts, ses commandements et ses lois et *obéir à sa voix ;* et aujourd'hui l'Eternel t'a fait promettre que *tu seras son peuple particulier,* etc.» (Cf. Ex. 19, 5 ; et 15, 27). La tournure « afin d'avoir le bonheur » se trouve dans Jérémie, et plus souvent encore dans le Deutéronome, où elle est même ajoutée à l'un des dix commandemements, tandis qu'elle manque dans l'Exode et est aussi complètement étrangère aux autres prophètes [1]. Il est assez probable que Jérémie songe de préférence de nouveau au Deutéronome, et dans ce code, pas plus

---

[1] Elle se trouve encore Gen. 12, 13 et 40, 14.

que dans la première partie de l'Exode, il n'y a aucune loi sur les sacrifices. La législation du pays de Moab permet, « toutes les fois qu'on en aura le désir en l'âme, de tuer et de manger de la viande, selon l'abondance dont on aura été béni, » et cela en tout endroit, pourvu que le sang ne soit pas mangé. Non que dans ce livre il soit question de l'abolition des sacrifices ; car un de ses buts principaux est même de restreindre leur présentation au seul temple de Jérusalem ; et d'ailleurs, une telle idée dépasse tout à fait l'horizon de l'ancienne alliance, si bien que Jérémie lui-même prédit encore dans la nouvelle des sacrifices d'actions de grâces (33, 17. 18) ; mais toujours est-il que ce code n'y ajoute pas une grande importance, et les représente plutôt comme des oblations votives et toujours comme des repas joyeux de toute la famille (Deut. 12, 6 ; 13, 27 ; 27, 6). Admettons même que ce code les exige formellement, et de plus, que les paroles de Jérémie contiennent une certaine exagération (il ne dit d'ailleurs pas que les sacrifices ne sont pas commandés), toujours est-il que le premier ne donne pas de prescriptions spéciales à leur sujet, et que jamais le second n'aurait pu tenir un tel langage, si de son temps on avait eu connaissance des lois rituelles lévitiques. Et la meilleure preuve que ces lois n'existaient pas, c'est qu'Ezéchiel, prêtre aussi, *prédit* dans sa poétique description de la nouvelle cité de Dieu (ch. 40-48), une loi cérémonielle particulière, déviant en plusieurs points de celle que contient le Pentateuque, audace qu'il a failli payer cher, en risquant fort à plusieurs reprises d'être exclu du Canon. D'où pouvait venir à

Ezéchiel une idée aussi singulière ? Pourquoi *prédire* des dispositions qui étaient déjà contenues et *mieux développées* dans la loi mosaïque ? Ne suffisait-il pas d'y renvoyer tout simplement ? Ou bien avait-il le droit de les changer et de les abroger à son gré, sans en faire mention ? Aurait-il osé en agir ainsi à l'égard d'une loi reconnue comme mosaïque ? On ne peut dire en aucune manière qu'il ait douté de l'authenticité de ces lois ; ni lui, ni Jérémie n'auraient hésité un seul instant à les reconnaître comme mosaïques, tout comme ils ont adopté, sans réserve aucune, le Deutéronome. Pour nous, le témoignage de ces deux prophètes pèse plus que toutes les analogies de style possible, et à notre avis, la science vraiment digne de ce nom et qui ne se contente pas de procéder par anathèmes, n'a plus le droit d'ignorer ou de détourner à la légère les obstacles bien sérieux que ces deux hommes opposent aux opinions traditionnelles.

Examinons maintenant si l'esprit ce ces lois et leurs dispositions essentielles comparées à celles du Deutéronome, ainsi que le témoignage de l'histoire, confirment les paroles de Jérémie et les conclusions que nous en avons tirées.

CHAPITRE II.

Esprit de ces lois. Leurs rapports avec les premières.

Si les lois ainsi ignorées sont véritablement d'origine plus récentes, il faudra nécessairement trouver plus d'une preuve interne à l'appui de cette démonstration. Quel est, par conséquent, avant tout leur caractère principal et distinctif? Si antérieurement nous avons désigné le Deutéronome comme la législation prophétique, nous ne saurions mieux caractériser celles-ci qu'en les appelant lois *sacerdotales* et vraiment *juridiques*. Ici ce n'est plus le prophète, bouche de Jéhovah, qui est au premier rang, c'est plutôt le prêtre avec ses pratiques cérémonielles qui joue le rôle principal comme médiateur du peuple et représentant de l'Eternel. L'impression que laissent les premières, est que la loi doit être écrite dans l'âme et sur le cœur, celle qu'on rapporte des secondes, est plutôt celle d'une écriture au front et sur la main; là, amour de toute la puissance de l'âme envers Dieu; ici, observation ponctuelle des formes extérieures du culte; d'un côté, exhortation véhémente et chaleureuse d'un prédicateur inspiré, de l'autre, ton froid, juridique d'un législateur qui ordonne et veut être obéi. Entre ces deux législations, il y a un abîme considérable: c'est le passage de la poésie fraîche et vivante à la prose nue et rassise, de l'inspiration entraînante de la jeunesse à l'esprit sévère et pratique de l'âge mûr; c'est en un mot, la chute de l'esprit prophétique, réchauffant le cœur et l'âme, à l'esprit journalier, étroit du sacerdoce, privé comme par enchantement de tout souffle supérieur. Quelle distance d'une conception vivante et vivifiante à ce formalisme immobile, mort et pétrifiant! Ces lois elles-mêmes nous montrent de quel esprit elles procèdent et à quelle époque de l'histoire nous avons à chercher leur naissance.

Mais comment se comportent ces deux législations dans les dispositions positives? La différence la plus conséquente et la plus radicale, celle qui domine partout, est la manière dont elles envisagent et assurent la position des prêtres. Toutes deux sont d'accord en ceci, que les prêtres ne doivent avoir ni portion, ni lot, parce que Jéhovah est leur propriété, c'est-à-dire, parce que leur existence dépend principalement du culte et de ses sacrifices. Mais ces revenus sont bien mieux assurés et déterminés dans le Protonome, où viennent s'y ajouter encore des impôts très-importants, qui manquent dans le Deutéronome. D'après le premier, les prêtres et les lévites doivent recevoir les dîmes et les prémisses des champs et du bétail (Lév. 27, 30-33 ; Nomb. 18, 11-19. 21-32) ; le second ne leur assigne que les prémisses du froment, du moût, de l'huile, et les prémisses de la tonte des moutons (Deut. 18, 1-4), mais ne dit rien de la dîme et du bétail comme rétribution des prêtres (Deut. 12, 11-18) ; ce dernier fait est doublement surprenant ; car Deut. 18 indique spécialement ce qui, de chaque victime, revient au prêtre, outre les prémisses des champs, et l'on s'attendrait d'autant plus à voir mentionnées aussi les prémisses du bétail, qu'il s'agit des revenus de la tribu de Lévi en général, et qu'au 12ᵉ chapitre les prescriptions sont si explicites qu'on tient même compte d'un trop grand éloignement du temple, et qu'en ordonnant l'emploi des dîmes et prémisses à des banquets joyeux, il est enjoint particulièrement de n'y point oublier le lévite. Le Lévitique ne sait rien de pareils repas. Il s'agit évidemment ici de deux institutions bien différentes.

D'après l'une, les prêtres ont des revenus fixes et considérables ; dans l'autre, ces revenus sont également déterminés, mais avec plus de parcimonie ; car les lévites sont mis sur la même ligne que les pauvres, les étrangers, les veuves et les orphelins, avec lesquels ils ont à partager tous les trois ans ce qui leur revient de droit [1] annuellement dans la première (Deut. 14, 28).

Mais cette différence va encore bien plus loin. Le Protome distingue toujours nettement les prêtres des lévites, et renferme des prescriptions très-détaillées sur leurs droits et devoirs réciproques. Le sacerdoce n'appartient qu'à Aaron et à ses fils (Lév. 6, 22 ; 7, 8 sq., 33-35 ; 8, 10 ; 13, 2 ; 21, 1. 21 ; Nomb. 3, 3 ; Ex. 28, 1. 41 ; 29, 44) ; c'est à eux qu'appartient tout ce qui est consacré à l'Eternel ; les lévites ont à leur remettre la dîme de leurs propres revenus et même ce qu'il y a de meilleur (Nomb. 18, 29). Jamais les prêtres ne s'appellent fils de Lévi, ni lévites, mais toujours fils d'Aaron. A ces Aaronides incombe le devoir de bénir le peuple, de sonner les trompettes sacrées, de brûler les victimes, d'asperger le sang, d'encenser, de veiller sur les lampes sacrées, de mettre les pains de Présentation. Les lévites, au contraire, n'ont que des fonctions subalternes, démonter, dresser le tabernacle, veiller sur lui et son mobilier, en général, servir les prêtres [2]. Il leur est interdit formellement d'approcher de l'autel, de voir le sanctuaire, d'y pénétrer sans les prêtres, et avant que ceux-ci n'aient enlevé et enveloppé les us-

---

[1] C'est-à-dire la dîme de la récolte.
[2] Auxquels ils sont donnés en don (Nomb. 18, 6).

tensiles sacrés; leur service est désigné non comme un service de Jéhovah, mais du peuple ou des prêtres; jamais ils ne se tiennent devant l'Eternel, mais devant le prêtre ou le peuple; même dans le camp, ils occupent une place inférieure, et n'ont aucune part aux prémisses et sacrifices qui reviennent exclusivement aux Aaronides. Qu'ils évitent soigneusement de toucher à la moindre pérogative du sacerdoce : ce serait un crime immense, dont ils seraient punis de mort, eux et les prêtres, crime qui a été vengé cruellement lors de la révolte des enfants de Korach (Nomb. 16).

Le Deutéronome ne dit pas un mot de tout cela. Pour lui, les termes prêtres et lévites sont synonymes. Il désigne ordinairement les prêtres ainsi : *Cohanim halevijm*, ou bien *Cohanim benë Levi* (21, 5; 31, 9). Pour lui, le sacerdoce est un privilège de toute la tribu de Lévi (18, 10); cela ressort nettement du passage 21, 5: «Alors s'approcheront les prêtres, fils de Lévi, car l'Eternel, ton Dieu, les a choisis pour *le servir et bénir* au nom de l'Eternel, et ils prononcent sur tous les procès et dommages;» et mieux encore de Deut. 10, 8, qui dit que la tribu de Lévi a été mise à part pour porter l'arche de l'alliance et se *tenir devant* l'Eternel et *bénir en son nom*. Deut. 31, 9, les prêtres sont désignés comme porteurs de l'arche de l'alliance. Ce code ignore donc complètement cette distinction entre les fils d'Aaron et ceux de Lévi; il ne connaît que des *prêtres* lévitiques; Jérémie (33, 17-22), le second Esaïe (61, 6; 66, 2), les livres des Rois et de Josué, emploient la même expression. Dans tous les livres antérieurs à l'exil, il n'y a pas la moindre trace que les prêtres aient occupé un rang supérieur; mais après l'exil, nous trouvons cette distinction nettement tranchée, et toutes les dispositions qui l'établissent, totalement en vigueur.

Nous voici donc en présence d'une énigme : Toute l'histoire du peuple d'Israël ne présente que deux périodes où ces lois sacerdotales aient été réalisées dans les institutions : pendant le trajet du désert, et après le retour de Babel. Comment concevoir qu'une législation promulguée dans des circonstances particulières, et enracinée dans les habitudes d'un peuple, tombe complètement dans l'oubli, y reste pendant des siècles, sans que personne ne s'en souvienne ou fasse le moindre effort pour la réhabiliter, et que subitement, après dix siècles, une autre époque, au milieu de circonstances bien différentes, essaie de la réintroduire et vienne heureusement à bout de sa tâche ? Cette énigme resterait insoluble, si le prophète Ezéchiel ne nous en fournissait la clef. Le premier, il *prédit* cette séparation entre les prêtres et les lévites, mais n'indique en aucune façon, qu'autrefois déjà elle avait existé, et que Dieu l'avait formellement exigée par la bouche de Moïse ; il est le premier qui parle de l'exclusion des lévites du sanctuaire 44, 10 : «*Les lévites* qui m'ont déserté, quand s'égarait Israël qui s'éloigna de moi pour suivre ses idoles, *porteront la peine de leur crime. Ils serviront dans mon sanctuaire comme gardes aux portes de la maison,* et serviront dans la maison même : ils égorgeront pour le peuple les holocaustes et les autres victimes, et *seront à leur disposition pour les servir...* Je lève ma main sur eux afin qu'ils portent la peine de leur crime. Et ils n'auront point accès auprès de moi, *pour être mes prêtres*, et s'approcher de mes sanctuaires, de mes lieux très-saints.» Le service du sanctuaire et de l'autel est une place d'honneur, réservée désormais «aux prêtres consacrés, enfants de Zadok, qui ont maintenu le service, et n'ont pas déserté comme les lévites» (47, 10). Seuls parmi les enfants de Lévi, les Zadocides sont chargés du soin de l'autel et ont accès auprès de l'Eternel pour le servir (40, 45); ils sont les *prêtres, les lévites*, qui se tiendront devant l'Eternel pour lui offrir la graisse et le sang, entrer le sanctuaire, s'approcher de la table, s'occuper du service (44, 15). Tout ceci prouve clairement qu'avant Ezéchiel les lévites pouvaient remplir ces mêmes fonctions désormais réservées à une seule famille; et puisque le Protonome vient formellement confirmer sur ce point les prédictions du prophète, sans cependant que celui-ci en appelle à cette législation, il s'en suit évidemment que c'est Ezéchiel qui a donné la première impulsion à cette organisation nouvelle. S'il avait su que le sacerdoce est l'apanage exclusif de la famille d'Aaron, il n'aurait pas pu appuyer avec une telle insistance sur l'exclusion des lévites, mais bel et bien sur celle des Aaronides, dont il restreint les priviléges au bénéfice d'une seule de ses branches. Si la hiérarchie sacerdotale a existé avant l'exil, les paroles d'Ezéchiel n'ont aucun sens; car ce ne serait pas les lévites qu'il punirait, mais les prêtres. Mais cette hiérarchie n'est qu'une pure fiction; avant l'exil, on ne savait rien d'un grand-prêtre, ni de toute cette pompe et de ce prestige qui l'entourèrent plus tard.

Chaque sanctuaire avait sa famille sacerdotale qui naturellement était placée sous les ordres et la direction du plus ancien de la maison. Les prêtres étaient choisis dans la famille de Lévi, et non dans la seule maison d'Aaron, comme le prouverait déjà le passage 1 Rois 12, 31, où l'auteur ne blâme pas Jéroboam de n'avoir pas pris des Aaronides pour prêtres, mais d'en avoir tiré de la masse du peuple et n'appartenant pas à la *descendance de Lévi*. Du reste, nous sommes fermement convaincu que, si l'auteur du Deutéronome avait connu cette hiérarchie sévère, il n'aurait jamais pu ni jamais osé l'effacer ou même l'atténuer. Sinon, on est forcé de lui reprocher d'avoir faussé l'histoire, et cela intentionnellement ; car en rappelant la révolte et le châtiment de Dathan et d'Abiram, il omet le lévite Korach [1]. Si le chapitre 16 des Nombres, qui nous représente cette révolte comme une revendication du sacerdoce par les lévites, avait été connu, jamais un code postérieur ne serait arrivé à rehausser la considération des lévites au point de pouvoir les revêtir de la prêtrise, qui leur est interdite sous peine de mort. Au lieu de dire que le Deutéronome prend une position très-libre vis-à-vis du contenu historique des autres livres, on serait peut-être plus près de la vérité, en le prenant parfois comme critère de cette histoire, dont, à notre avis, il donne plus d'une fois le récit primitif et exact. Qu'auraient dit les Aaronides d'une législation qui les aurait privés tout d'un coup de leurs priviléges

---

[1] M. Riehm croit que cette omission n'est pas accidentelle, vu que le récit des Nombres devait être gênant.

séculiers? Hilkia se serait-il empressé d'envoyer ce livre à Josias?

Mais si cette distinction de classe et de caste n'a été introduite dans la législation que par l'impulsion d'Ezéchiel, nous comprendrons aussi pourquoi un nombre si restreint de lévites revint de l'exil. Esdras nous dit (8, 15) qu'en ramenant sa colonie, «il considéra attentivement le peuple et les prêtres et ne trouva là *aucun des fils de Lévi.*» Après une députation envoyée à deux de leurs chefs, il s'estima heureux d'en ramener trente-huit (8, 15. 19). Zorobabel, sur 973 prêtres, n'avait ramené que 74 lévites (Es. 2, 36. 40). Sous Néhémie, il y avait à Jérusalem 822 prêtres et 284 lévites seulement. — Pour expliquer ce fait étrange, on croit devoir en appeler à d'anciennes rivalités qui auraient encore subsisté, ou au penchant à l'idolâtrie que l'exil aurait peut-être ranimé chez les lévites. Cette dernière explication nous paraît peu probable, car Ezéchiel ne leur reproche pas leur infidélité présente, mais celle d'autrefois, où le temple subsistait encore. Quant à la première, qui suppose une rivalité de plus de mille ans, dont les traces disparaîtraient sous le second temple, on ne saurait l'appuyer d'aucun texte de l'Ancien Testament, sauf le récit des Nombres; or, celui-ci étant, ainsi que la séparation des castes, ignoré du Deutéronome, nous osons croire que, lorsque cette dernière fut formulée, le récit qui rapportait primitivement l'insurrection d'une certaine fraction de la tribu de Ruben contre l'autorité de Moïse et d'Aaron, a été changé en une révolte de la tribu de Lévi contre la famille d'Aaron. Le Deutéronome n'aurait, par conséquent, pas été embarrassé par un récit, qui, se rapportant à une institution postérieure, n'a pas pu exister du tout. Une lutte acharnée dut avoir lieu, mais dans l'exil et non au désert, lutte dont les Nombres nous ont conservé un écho vivant et anxieux dans ces paroles qui ressemblent presque à une supplication : «C'en est trop, fils de Lévi ! Écoutez donc, enfants de Lévi, est-ce trop peu pour vous d'avoir été mis à part..... Vous prétendez encore au sacerdoce!» Pour faire taire ces murmures, on a fait remonter toutes ces institutions à Moïse ; mais elles appartiennent à Ezéchiel, qui, en bien des points encore, occupe une place mitoyenne entre le Deutéronome et le Protonome. C'est ainsi qu'il assigne aux prêtres des revenus un peu plus élevés que ne le fait le premier code, pour se voir, à son tour, surpassé par le livre des Nombres : «Ils mangeront l'offrande et la victime pour le péché, et la victime pour le délit, et tout ce qu'on aura sacré en Israël leur appartiendra. Et les prémisses de toutes les primeurs, et tout ce qu'on élève comme offrande, de quoi que ce soit appartiendront aux prêtres, et vous donnerez au prêtre *les prémisses de votre farine*» (44-38-31). Tous ces points sont mieux précisés et détaillés dans le Lévitique et les Nombres, ainsi que les indications du prophète sur les habits des prêtres, la présentation des sacrifices, leur nombre, etc. — Nous en concluons que toutes les dispositions ignorées par le Deutéronome et prédites par Ezéchiel ne datent que de l'exil, et ces dispositions sont : les lois cérémonielles, les lois sacerdotales et tout ce qui s'y rapporte, en un mot, la majeure partie du Protonome.

Ce résultat s'impose avec non moins d'évidence par la comparaison des fêtes religieuses. Comment concevoir, en effet, que le Deutéronome, qui, à ce qu'on dit ordinairement, présuppose les autres livres, omette l'année du Jubilé et surtout une des fêtes les plus importantes : celle du jour des propitiations ? Cependant, cette question ne nous étant pas directement indiquée par notre sujet, nous ne nous arrêterons pas davantage à relever ces différences, assez importantes, du reste, entre les deux législations. Nous terminerons donc ici cette deuxième partie en mentionnant un fait historique qui nous paraît assez concluant. Néhémie rapporte (8, 15) que le peuple, les prêtres et les lévites s'assemblèrent auprès d'Esdras pour étudier la loi. «Et ils trouvèrent consigné dans la Loi que l'Eternel avait prescrite par l'organe de Moïse : que les enfants d'Israël devaient se loger dans des huttes, etc.» On exécuta ponctuellement cette prescription, telle qu'elle se trouve dans le Lévitique, et le récit ajoute que, depuis Josué, on n'avait pas célébré une pareille fête, c'est-à-dire qu'on ne l'avait pas célébrée de cette manière. Josias ne l'aurait donc pas fait célébrer ainsi ! Cet oubli ne peut s'expliquer que si la loi retrouvée sous ce roi n'était pas notre Pentateuque, mais seulement le Deutéronome, qui ne prescrit rien sur la manière dont la célébration doit avoir lieu.

D.

CONCLUSION.

La législation du Pentateuque n'est pas l'œuvre d'un seul auteur; cette thèse ressort déjà avec évidence du fait, que beaucoup de lois, qu'on s'attend pourtant à ne trouver qu'une fois dans un code, reviennent à plusieurs reprises, comme s'il n'en avait jamais été question. Mais on conçoit bien moins encore qu'un code contienne des dispositions inconciliables, comme celles sur l'affranchissement des esclaves, etc., dispositions qui auraient été promulguées en un seul et même endroit, alors qu'elles ne pouvaient cependant être valables toutes à la fois. Un même auteur, en changeant de vue, se serait probablement contenté, pour éviter toute confusion, de n'en écrire qu'une seule, qui aurait été normative. D'autres lois portent le cachet de tendances et de conceptions religieuses si radicalement différentes, qu'il est impossible de les attribuer au même auteur, voire même à la même époque; telles, entre autres, les lois sur les revenus et la position des prêtres. Or, nous avons constaté avec certitude qu'à des époques données, certaines de ces lois n'étaient pas connues et ne pouvaient l'être, et que le Deutéronome, loin de supposer et de reproduire la législation des autres livres, ainsi qu'on a pris l'habitude de le croire, la précède, au contraire, dans les temps, tout comme il la dépasse de beaucoup par l'esprit. L'auteur du Deutéronome ne saurait donc, en aucun cas, être le dernier rédacteur de notre Pentateuque actuel, lequel, du temps de Josias, n'avait naturellement pas la forme qu'il a aujourd'hui.

Car, ou bien le Pentateuque a été perdu en entier (en ce cas, les Zadocides ne méritent guère les éloges que leur décerne Ezéchiel) et puis retrouvé sous Josias ; comment Jérémie peut-il alors dire qu'il n'a point été donné de lois sur les sacrifices ? comment aussi Josias peut-il négliger la fête des loges, telle que la prescrit le Lévitique, lui qui a vécu entièrement d'après la totalité de la loi de Moïse, comme aucun de ses prédécesseurs et aucun de ses successeurs ? Ou bien, le Deutéronome seul a été retrouvé, et conséquemment le Lévitique existait, puisqu'il doit avoir fait partie intégrante de l'œuvre de l'Elohiste ; mais d'où pouvait, en ce cas, venir cette grande frayeur du roi, vu que le Lévitique, c'est-à-dire le Pentateuque non perdu, contenait des bénédictions et des malédictions toutes semblables ? L'on ne saurait pourtant admettre que le roi et sa cour n'aient pas connu un livre historique et législatif si ancien et d'une telle importance, surtout si, comme le veulent les Chroniques, la réforme du culte a déjà commencé dans le douzième année, six ans, par conséquent, avant l'apparition du Deutéronome. On dit bien : les autres livres n'ont point été reconnus officiellement, les rois les ont imposés petit à petit, et seulement pour autant que les circonstances le permettaient chaque fois. Mais comment comprendre que des princes qui ont agi en tous points dans le sens théocratique, un David, un Salomon, un Josaphat, un Ezéchias, n'aient pas pris plus à cœur de faire passer une législation mosaïque, ne s'en soient pas même souciés en aucune façon ? Pourquoi précisément un Josias auquel on a remis un nouveau code ? Ensuite, quel Juif aurait donc osé douter de l'authenticité d'une loi mosaïque? Du moment qu'une telle loi existait, il n'y avait pas à la reconnaître ou ne pas la reconnaître; elle était, dans toutes ses prescriptions, normative pour tout le monde. Enfin, quel obstacle sérieux aurait rencontré la volonté absolue d'un despote oriental, vivement appuyé par tous les prêtres et prophètes, lorsqu'il se serait agi de mettre en vigueur une loi révélée, alors que d'autres despotes, malgré la courageuse résistance des partisans dévoués de la théocratie, ont parfaitement réussi à implanter l'idolâtrie jusque dans le temple de Jérusalem?

Mais l'argument principal, celui qui à lui seul est toujours suffisant pour faire ignorer ceux de la critique historique (*diese unkritische Kritik*), dont on peut bien, à ce qu'on assure, considérer les hypothèses comme dépassées (*antiquiert*), réside dans le style du Protonome qui est, dit-on, dans une parenté on ne peut plus intime avec celui de l'Elohiste[1]. — Nous n'osons pas discuter cette question, notre savoir étant trop incomplet dans ces matières; mais nous croyons pouvoir dire que, dans une question aussi importante, les analogies linguistiques ne doivent pas

---

[1] La découverte de ces analogies de style a été élevée par MM. Ewald et Knobel à la hauteur d'une vraie science de divination. M. Graf réduit fort bien ces prétentions à leur juste valeur en disant: « *Auf blosse Spracheigenthümlichkeiten eine Zeitbestimmung zu gründen ist misslich, und indem man nach vielleicht unzureichenden Kriterien die Verwandtschaft gewisser Abschnitte annimmt, dann andere Abschnitte wegen einzelner gleicher Spracherscheinungen anreiht, und aus diesen wieder weiter und weiter schliesst, läuft man leicht Gefahr, sich in einem fehlerhaften Zirkel zu bewegen* (*Gesch. Bücher*, p. 3).

exclusivement peser dans la balance, au point d'effacer les contradictions bien sérieuses de l'histoire, par dessus lesquelles on s'obstine toujours à sauter à pieds joints. Car, d'un côté, le style du Pentateuque entier est assez moderne et ne diffère pas si complètement de celui des autres livres, et de l'autre, dans des questions juridiques, où l'expression ne dépend pas toujours de l'auteur qui doit plus ou moins s'en tenir aux termes techniques, ces analogies pourraient bien se comprendre, sans trop d'arbitraire, par les traditions de l'école. Le langage juridique des Romains s'est soutenu durant 700 à 800 années; et il serait bien difficile, sinon impossible, sans d'autres points d'appui, d'en déduire avec quelque apparence de sûreté l'âge respectif de leurs lois. Dans chaque pays il y a un langage juridique consacré, et il est évident, que dans le Pronotome règnent les termes de l'école à un tel point qu'on peut, déjà pour cette seule cause, en déduire la rédaction postérieure qui s'impose pour tant d'autres raisons. Tout y indique un long développement législatif et l'auteur a soin de le dire lui-même, à ceux qui veulent entendre, par ces paroles: «Depuis le jour, où il vous a donné des lois, et *ultérieurement à vos génération*» (Nomb. 15, 23), ou mieux, jusqu'à *vos générations ultérieures*. En tout cas, on ne saura nier qu'il règne un tout autre esprit dans le Lévitique que dans les autres livres, et que cet esprit, et même le style, trouvent le plus d'analogies chez Ezéchiel[1]; surtout, pour ne relever que ce qui frappe

---

[1] Voy. Graf, *Die Gesch. BB.*, p. 82.

le plus, même à première vue, cette formule finale et autoritaire: Moi je suis l'Eternel, votre Dieu, ou bien: Moi je suis l'Eternel, ou: l'Eternel qui vous sanctifie, etc. Cette analogie de pensées et d'expressions est même si frappante, que M. Graf est allé jusqu'à revendiquer à Ezéchiel lui-même la composition de Lév. 18-23. 25 et 26. Bleck lui-même, concède que le chap. 26 n'a pas pu être écrit avant l'exil, parce que l'auteur a forcément devant ses yeux l'état de dispersion (Lév. 26, 34. 35): «Quand vous serez dispersés parmi vos ennemis, alors le pays observera ses années de repos tout le temps de la dévastation; il reposera ce qu'il n'a point reposé, *aussi longtemps que vous l'habitiez.*» Cette concession, que de Wette et d'autres avec lui n'ont point faite, prouve au moins que malgré la parenté du style, il peut y avoir des raisons majeures pour reculer la composition de tout un fragment, et que même dans l'exil il n'était pas si impossible d'imiter le genre d'écrire d'un auteur, lorsqu'il s'agissait d'incorporer dans son livre même un passage d'assez longue haleine. Du reste, la meilleure preuve que primitivement la législation lévitique ne faisait pas partie intégrante de l'histoire, c'est que dans celle-ci Aaron occupe une position bien inférieure à celle que lui assigne la législation. Si Moïse avait voulu appliquer le principe d'Ezéchiel, Aaron n'aurait pas même pu être prêtre, encore moins grand-prêtre; il n'aurait eu avec les autres lévites que des fonctions subalternes auprès du tabernacle. Mais laissons-là ces discussions; la plupart des critiques reconnaissent aujourd'hui, que dans l'ensemble de la législation il faut distinguer nettement deux grandes parties: le Deutéronome et le Protonome, ou, comme nous les avons appelées, la loi prophétique et la loi lévitique ; et d'après tout ce que nous avons vu, cette dernière et l'esprit dont elle est sortie, ne sauraient, sans faire violence à l'histoire, être placée avant la législation du pays de Moab.

Il demeure donc établi pour nous, que la loi trouvée sous Josias n'a été que le Deutéronome; dès lors, la question de savoir si Moïse est l'auteur du Pentateuque ne peut avoir pour nous que cette portée : a-t-il écrit le Deutéronome ? En ce cas, le livre aurait été perdu pendant près de mille ans, et sous Josias on aurait retrouvé le manuscrit de Moïse. Le texte ne mentionne nullement ce dernier fait; d'ailleurs, cette circonstance n'aurait pas non plus produit une telle consternation. Ce n'est pas l'exemplaire qui est nouveau, mais le contenu. Puis, comment comprendre que des prêtres fidèles aient, surtout pendant les 18 années de Josias, négligé ce livre ? Et en général, comment concevoir l'oubli du contenu de la loi, et cela de la part des prêtres, auxquels elle avait été confiée en dépôt. Il est vrai que la loi pouvait être refoulée ; mais pourquoi au retour de circonstances plus favorables, ses partisans ne l'ont-ils pas fait valoir de nouveau ? C'était leur intérêt pourtant, et du reste, il ne fallait pas même de livre pour cela ; la tradition suffisait parfaitement, les prêtres et les prophètes n'avaient qu'à parler et Josias écoutait. C'est ce que le Chroniste a compris parfaitement, en faisant commencer la réforme plus tôt. Ce n'est que par ce livre que le monde juif apprend qu'il doit célébrer une Pâque, telle qu'on n'en avait plus célébré depuis Josué, que le culte des hauts-lieux est interdit, culte que tous les rois théocratiques avaient laissé subsister, même Josaphat, qui pourtant a fait prêcher la loi aussi. Tout ceci, les prêtres auraient dû le savoir et le proclamer, sinon ils seraient trouvés dans la situation comique et en tout cas unique dans l'histoire, d'avouer, comme l'a fort spirituellement dit M. Reuss : Nous avions autrefois une loi, mais nous ne savons pas ce qu'elle renfermait[1].

Mais admettons que la loi soit restée cachée, même oubliée : la forme et le contenu du livre permettent-ils de l'attribuer à Moïse ? Le Talmud lui-même n'a pas osé le lui revendiquer intégralement. Pour nous, nous suivons en cette question l'opinion de Bleek, qui dit formellement que dans les discours il y a plusieurs points qui, pour la forme et le fond, peuvent difficilement être attribués à Moïse (Deut. 2, 12 ; 19, 14 ; 3, 11. 14). En outre, il doit paraître suprenant au plus haut point que Moïse ait écrit, *in extenso*, une répétition de la loi, et il est tout à fait impossible qu'il ait rédigé ce long discours, après l'avoir prononcé, encore le même jour. Nous ne ferons pas valoir, contre le discours, la circonstance que Moïse était incirconcis

---

[1] Encycl. Ersch et Gruber. Du reste, il y a des éxégètes qui comprennent parfaitement une position aussi étrange. Ainsi M. Oehler « est si surpris de voir la loi, non-seulement perdue, mais même oubliée pendant les 60 années de Manassé, que le contraire l'étonnerait bien davantage. » Et les Zadocides *qui n'ont point erré* et tant d'autres qui n'ont point plié le genou devant les idoles ! Quand on est prêtre à Jérusalem, on n'oublie pas si vite que tous les autres lieux de culte sont adultères.

des lèvres et se servait habituellement de son frère comme interprète. De pareils arguments sont inutiles, vu que le point de vue de l'auteur est celui d'un habitant de Canaan (Deut. 14; 3, 20; 11, 30), dont l'entrée était refusée à Moïse. Puis le rédacteur a déjà devant les yeux un état de dispersion qui indique une situation bien postérieure (4, 27-31 ; 29). Cet âge plus avancé se manifeste surtout dans les deux importantes lois royales et militaires, qui ne permettent guère, vu leur forme et leur contenu, de penser que Moïse les ait promulguées de cette manière. Car, d'un côté, la royauté va directement à l'encontre des institutions théocratiques; puis, on défend précisément les abus de la cour de Salomon et de ses successeurs, preuve directe que l'auteur polémisait contre le luxe coupable de la cour de Salomon. D'un autre côté, il est rapporté explicitement que Samuel a mis par écrit le droit de la royauté, ce qu'évidemment il n'aurait pas fait s'il avait connu la loi mosaïque; dans ce dernier cas, on ne comprendrait guère ses hésitations et sa résistance, puis sa soumission triste et résignée, qui ont fait voir en lui un ardent républicain. En second lieu, à une époque où deux tribus et demie seulement étaient en possession de leur pays, et devaient s'engager formellement à assister jusqu'à la fin leurs frères dans la conquête du territoire, un législateur aurait-il bien songé à stipuler des dispositions exceptionnelles pour les nouveaux mariés, pour ceux qui auraient nouvellement construit une maison ou recueilli pour la première fois les fruits d'un vignoble? En dernier lieu, l'auteur suppose déjà l'existence d'un tribunal supérieur, qui cependant ne fut institué que par Josaphat (2 Chr. 19, 8); et, ce qui avance encore davantage la rédaction, il combat avec tant de véhémence l'astrolâtrie, qu'on ne peut placer son livre avant Manassé, sous le règne duquel ce culte s'était enraciné plus fort que jamais. — La composition du livre tombe ainsi peu avant l'exil, et comme il ne fit son apparition que dans la 18e année de Josias, il est assez probable qu'il n'a vu le jour que sous le règne de ce roi. Le but de l'auteur est manifeste : en codifiant la prédication des prophètes, ce livre devait rendre la réforme plus fondamentale encore, puisque désormais elle pouvait se baser sur un document législatif. Le Deutéronome est donc le premier grand code d'un seul jet, et ce code a existé séparément, ce qui ressort déjà avec évidence des termes par lesquels il est désigné : «Ce livre ou ce livre de la loi;» peut-être aussi du fait que Josias a pu en faire la lecture en un seul jour, tandis qu'il a fallu 8 jours à Esdras pour lire la loi au peuple; enfin, la preuve la plus certaine nous est fournie par le livre de Josué, qui date de l'exil et parle souvent d'un code, cite même des lois positives qui toutes se retrouvent dans le Deutéronome et la dernière partie des Nombres, mais l'on ne découvre nulle part la moindre trace d'une autre partie de la législation [1].

Quant à l'étendue de ce code, elle est assez visiblement indiquée dans le texte; il allait de ch. 4, 44 à 28, 69. Ce qui précède et ce qui suit a probablement été ajouté par l'auteur lui-même, qui intercala son livre dans le grand cadre historique.

[1] Voir M. Reuss, dans Ersch et Gruber, art. Josué.

Cependant on peut admettre avec sûreté qu'il existait auparavant déjà de petites collections, de petits recueils de lois, dont les dispositions ont servi de base à celles du Deutéronomiste, telles que, par exemple, celles sur l'affranchissement des esclaves, comme nous l'avons montré plus haut. Nous soulignons particulièrement ici la parenté d'esprit très-intime entre le Deutéronome et le petit recueil Ex. 20, 23 à 23, 19; ce dernier est, en tout cas, une collection très-ancienne. Nous allons même plus loin; le Deutéronome, dans les chap. 12 à 20, ne fait que reproduire les points essentiels de ce petit recueil, en insistant plus fortement sur les uns, en étendant ceux qui avaient le plus d'importance, en modifiant les autres selon les besoins de l'époque, et comme l'exigeait son point de vue nouveau, celui de la restriction du culte au seul sanctuaire de Jérusalem. Il serait facile de prouver que tous les changements découlaient naturellement de ce principe. Les dispositions très-détaillées du droit privé ne se trouvent pas reproduites. — Ailleurs encore, ch. 21 à 25, il semble avoir mis à profit une autre collection; cependant là encore les points de contact ne manquent pas avec le fragment de l'Exode. Nous n'insisterons pas davantage sur ces collections, n'ayant d'ailleurs le temps que de nous occuper de l'ensemble, et non des détails. Nous concédons même que le Lévitique, de son côté, a pour base certaines dispositions plus anciennes. Le Deutéronome lui-même, suppose une alliance conclue au Horeb, outre celle du pays de Moab, et parle à différentes reprises des lois et statuts que l'Eternel lui aurait ordonné alors d'enseigner au peuple, mais sans jamais dire un mot de la nature de ces lois. Il semble même, à y regarder de plus près, que ces lois n'étaient autres que celles qu'il leur exposait dans les plaines de Moab, 6, 1 sq.; il n'est dit nulle part qu'il les ait déjà enseignées auparavant et qu'il ne fasse que les reproduire en cet endroit. L'alliance du Horeb est celle des dix commandements, écrits sur les deux *tables de l'alliance*, et que le peuple entendit du haut de la montagne de feu, «et rien de plus» (5, 23; 9, 9; 4, 13. 14). Il paraît résulter de ceci, que ce recueil n'a pas été joint primitivement au Décalogue, et que, s'il a figuré dans l'histoire, il n'a pas occupé la place qu'il occupe aujourd'hui. Ceci d'ailleurs ne nous dirait rien sur l'âge de sa composition; il nous suffit de savoir que le Deutéronome l'a reproduit, lui, pour qui, nous le répétons, toute la révélation du Sinaï consiste dans le Décalogue. L'histoire, malheureusement, ne nous fournit aucune indication qui puisse servir à fixer de plus près l'origine de ce petit code. Il paraît seulement que du temps de Samuel on ne savait encore rien d'un triple pélerinage annuel auprès du sanctuaire; le père de Samuel ne paraît qu'une fois par an à Scilo, et avec toute sa famille. (1 Sam. 1, 3 sq.); du temps de Saül, il n'y a également qu'*un* sacrifice annuel de famille, et cela, non auprès du Tabernacle, mais dans la ville du chef de la maison; le jour de la fête n'est pas partout le même (20, 6). L'auteur ne fait aucune remarque; il ne devait donc pas connaître cette prescription. Nous sommes ainsi forcé, tout en considérant ce petit recueil comme le plus ancien, de ne pas chercher l'époque de sa rédaction avant la période des rois, conclusion que d'autres considérations encore nous imposent : toutes ces lois sont basées sur la propriété territoriale, supposent non plus un peuple nomade, livré aux troubles et aux combats de la conquête, mais un peuple agricole dans la posession tranquille et incontestée de son pays. Il n'y a pas même le moindre indice qu'il y ait aussi des étrangers qui possèdent des champs et des vignes; au contraire, on recommande d'avoir pour les non-Israélites qui séjournent dans le pays, les mêmes égards doux et humains que pour les pauvres, les veuves et les orphelins (22, 20; 23, 19). Cependant, en cédant aux inspirations de notre sentiment, nous verrions volontiers dans cet antique recueil le reflet le plus fidèle de l'esprit, et peut-être même de la forme de la législation mosaïque, à en juger d'après le Décalogue, qui appartient certainement au grand prophète, et d'après le contenu moral et social des deux documents. Les lois, que le prophète a enseignées et que la tradition des prophètes doit avoir pieusement conservées, auraient été fixées ici pour la première fois, enrichies déjà sous l'effet d'un développement nécessité par la différence des circonstances; ce progrès se résume dans les trois fêtes, accompagnées d'autant de sacrifices auprès d'un des sanctuaires du pays. Les dispositions sociales sont encore très-primitives et ont pour base la notion élémentaire du tien et du mien. A mesure que la civilisation avançait et créait des besoins nouveaux et plus compliqués, ces lois subirent une transformation parallèle pour aboutir au code du Deutéronomiste. Ici les sacrifices doivent être offerts auprès du seul temple de Jérusalem, centralisation qui amenait d'autres modifications à sa suite, ne fût-ce que celle de mieux préciser les revenus et la position des prêtres[1], etc. Quoi qu'il en soit, nous croyons pouvoir formuler notre conclusion en ces termes : Quand même Moïse ne serait pas l'auteur de la législation qui porte son nom, il en est et restera cependant le promoteur ; car il en a posé la base, le fondement, qui, en se développant, a formé cet édifice, qui aujourd'hui encore provoque notre admiration. Là donc où l'authenticité de temps et de personne n'est pas possible, celle de l'esprit subsistera. L'héritier de la maison de Jacob ne doit pas être privé d'une seule de ses couronnes ; ou bien, son mérite serait-il amoindri, si, précurseur d'un plus grand que lui, il n'avait, comme ce dernier, propagé son évangile que par la prédication orale ? — Mais qu'on ne s'imagine pas devoir rehausser son autorité ou celle de la révélation, en lui attribuant de préférence des lois qui exhalent aussi peu le souffle divin que les généalogies et les stations géographiques des Nombres, et pour la rédaction desquelles le trajet du désert ne lui aurait d'ailleurs présenté que peu de loisirs. Il avait de bien meilleures aspirations, c'est là notre ferme conviction ; il était prophète et le plus grand de tous ; c'est le rabaisser que d'en faire un prêtre. Josué ne nous dit-il pas, que sous les yeux de Moïse il n'y a point eu de circoncision ; Amos n'affirme-t-il pas que dans le désert on n'a point offert de sacrifices ? Faut-il des témoi-

---

[1] Sous Samuel, il paraît que les prêtres n'avaient aucun droit à une part déterminée du sacrifice, mais devaient se contenter de ce que leur assignait la bonne volonté des particuliers (1 Sam. 2, 13-16 ; 2, 49).

gnages plus précis encore, pour nous démontrer que son activité et sa législation étaient avant tout morales et religieuses, et que, négligeant des points aussi importants, tels que la circoncision et les sacrifices, il ne se sera pas non plus donné la peine de décrire en détail le costume d'Aaron et toutes les cérémonies du sacerdoce ?

Il nous reste à chercher l'origine de la législation lévitique : qu'elle ait été rédigée, comme le croit Bleek, par Moïse ou au moins dans l'âge mosaïque, parce que les dénominations locales supposent partout le camp et qu'un auteur postérieur n'aurait pu que difficilement se mettre à ce point de vue, ceci n'est pas un argument bien solide et est en tout cas suffisamment réfuté par l'histoire. Du reste, un auteur postérieur devait forcément se mettre à ce point de vue et le Deutéronomiste y a assez bien réussi. Et il en serait ainsi, qu'on se demanderait si ces dispositions étaient praticables au désert ; la chose n'est pas si évidente en elle-même, le contraire est bien plus vraisemblable. — Pour nous, il demeure établi que son origine ne peut pas être recherchée avant l'exil et que la première impulsion en a été donnée par Ezéchiel. L'histoire ne nous fournit guère un témoignage plus direct et plus positif. Ce qui est incontestable, c'est qu'après l'exil les Juifs avaient le Pentateuque dans son état actuel, et qu'Esdras a solennellement et par serment engagé le peuple à la fidèle observation de cette pierre angulaire de la religion juive, ce qu'il est resté depuis. La rédaction tombera ainsi vers la fin de l'exil. Il ne paraît pas cependant que les premiers colons, la plupart d'origine sacerdotale, aient rapporté un code mosaïque comme règle et norme des institutions qu'ils voulaient rétablir. Cent ans après, Esdras, ramenant une nouvelle colonie, est indigné et désolé de la légèreté avec laquelle le peuple et même les prêtres avaient contracté des mariages mixtes. Il leur reproche, non pas la transgression de la loi mosaïque, mais celle des commandements donnés par les prophètes (9, 11). C'est lui que la postérité a regardé comme le restaurateur de la loi; la tradition le représente même comme rédigeant de mémoire ou par inspiration toute la loi brûlée lors de la destruction de Jérusalem. «Il avait appliqué son cœur à l'étude de la Loi de l'Eternel et à la pratique et à l'enseignement en Israël du statut et des lois» (7, 10); «il était prêtre et savant consommé dans la loi du Dieu du Ciel (12 et 21), scribe versé dans la loi de Moïse (6), dans les textes des commandements de l'Eternel et de ses statuts prescrits à Israël» (11). En revenant de l'exil, il avait la «loi en main» (15); cependant, ce n'est que quelques années après qu'il en fit lecture au peuple, lors de la fête des loges (Néh. 8, 1). Jusqu'ici le peuple ne paraît pas en avoir eu de copie, pas même une connaissance assez exacte; Esdras seul l'avait en main en convoquant la réunion. Le lecture réitérée, jointe aux explications des lévites, fit une impression profonde sur le peuple qui s'engagea par contrat et par serment à l'observation ponctuelle du code (Néh. 10). Le premier résultat fut la célébration de la fête des loges, telle qu'elle n'avait point été célébrée depuis Josué, et la rupture des mariages mixtes.

En nous basant sur ces divers points, nous croyons

pouvoir, sans trop d'arbitraire, hasarder la conjecture que c'est Esdras qui est le dernier rédacteur du Pentateuque. Nous ne croyons pas qu'il soit le seul auteur de la législation lévitique. Rien ne s'oppose à ce que les indications d'Ezéchiel aient été mieux précisées et plus détaillées par d'autres légistes dont Esdras aurait recueilli soigneusement les collections. Rapportant ces divers recueils, il lui aurait fallu encore un certain temps pour fixer et déterminer certains points indécis, en adapter d'autres aux besoins du moment, surtout au rétablissement du nouveau culte, et réunir enfin ces nouvelles lois aux anciennes collections pour en former la Thora, règle et norme de la petite communauté et de ses enfants après elle. Nous ne voulons pas nous lancer plus à fond dans ce vaste champ ouvert à l'hypothèse; nous devons nous contenter d'arriver à des indications approximatives. Ce qui nous paraît certain, c'est que ces lois n'ont été réunies en un tout et publiées pour la restauration de la nouvelle communauté qu'après le retour de l'exil, et toutes les difficultés historiques pour lesquelles on croit encore toujours devoir reculer la rédaction de ces lois jusque dans le désert, où elles n'étaient pas praticables, disparaissent ainsi comme par enchantement. Elles supposent un état de choses qui n'a existé ni au Sinaï, ni du temps des juges, ni à l'époque des rois : elles s'adressent à un peuple agricole, concentré manifestement autour d'un centre commun et assez restreint, jouissant de l'autonomie communale, non de l'indépendance politique, et, à cause de la prépondérance de la théorie sur la pratique, nourrissant encore la naïve et touchante illusion

D.

de maintenir l'égalité des biens et de couper ainsi court à l'invasion du paupérisme[1]. C'est alors seulement que pouvait se faire sentir le besoin de mieux déterminer pour le nouveau temple les cérémonies qui jusqu'ici avaient été transmises par la tradition et qui, d'une origine antique et vénérable, étaient allées en se développant avec la culture et le bien-être du peuple et la splendeur croissante du culte. Une religion qui se fonde ne débute pas par un cérémonial aussi riche et aussi compliqué ni par une hiérarchie d'une organisation si nette, si stricte et si tranchée. De telles institutions demandent le secours du temps : elles ne naissent pas d'un jour à l'autre. Le Pentateuque n'est pas seulement l'œuvre de Moïse (c'est lui qui en a jeté les fondements), il est l'œuvre de tous les prophètes dont les efforts constants et pénibles ont fait l'éducation du peuple et amené ce développement. L'Ancien Testament a été plus juste envers eux que l'orthodoxie moderne; il renvoie partout à une tradition orale, à un enseignement oral, et non à une tradition écrite (Jug. 6, 13 ; 2 Sam. 7, 22; Ex. 10, 2; 12, 26 sq.; 13, 4 sq.; Deut. 6, 20; Ps. 44, 2; 22, 3 sq.; 78, 3, etc.). — Zacharie (7, 12) «parle de la loi et des paroles qu'envoyait l'Eternel des armées par son Esprit, *les premiers prophètes*» (cf. 2 Rois 17, 13). Jérémie, Ezéchiel rappellent constamment le labeur infatigable de leurs devanciers, trop souvent ingrat et inutile, hélas! Le Deutéronome leur a rendu cette justice, que c'est *dans leur bouche* que l'Eternel mettait sa parole, Esdras leur a accordé leur juste part

[1] Voy. M. Reuss, Encycl., Ersch et Gruber, art. *Judenthum*.

dans l'œuvre qu'il achevait, en disant : «Nous avons déserté tes commandements que tu nous avais prescrits par tes serviteurs, les prophètes» (9, 11). L'ancienne alliance, pas plus que la nouvelle, n'a été fondée sur des documents écrits, mais sur la parole vivante de la révélation dont les prophètes ont été l'organe, et qui, nous aimons à le croire, n'était pas liée aux cimes du Sinaï, ni épuisée et tarie dans les plaines de Moab.

Le Pentateuque était-il achevé sous Esdras? A en croire les critiques, il y a eu plus tard encore des additions et des corrections; mais nous ne voulons pas poursuivre plus loin; notre conclusion risquerait de devenir plus longue que le corps même du travail. Nous savons seulement qu'avec la Thora un esprit tout nouveau entra dans le monde juif; la loi jeta des racines profondes dans le cœur du peuple, la poésie des anciens prophètes disparut sans retour, et à sa place vint un esprit de piété timide et craintive, de travail rude et sévère, de prose sèche et triste : la source de la révélation était tarie, le peuple se crut délaissé de toute inspiration supérieure. Le souffle divin qui avait animé les prophètes, était retourné à la source d'où il était parti, et celui que respiraient leurs écrits fut disséqué bientôt sous les froides mains des savants de l'école. Moïse et les prophètes avaient voulu former un peuple de prêtres; hélas! la Thora ne parvint qu'à enfanter un doctrinarisme d'une désespérante aridité. Mais ne soyons pas injustes envers ces lois; ce sont elles qui ont gravé en caractères ineffaçables dans les cœurs les vérités éternelles du monothéisme et qui ont conservé ainsi un trésor destiné à devenir le patrimoine des peuples et des nations. Nous n'avons d'ailleurs pas hésité à qualifier une de leurs dispositions de vraiment chrétienne, et elle n'est pas la seule dans son genre. Cependat pour l'ensemble de ces statuts et leur esprit général, nous croyons, qu'on nous pardonne les termes un peu durs, mais bibliques, que c'était là la seule bride qui pût dompter le mulet entêté d'Israël. Aussi, si nos soummes forcé de placer leur rédaction si tard, n'est-ce point à cause d'un manque de sens pour la révélation, ainsi qu'on se plaît à le reprocher à ceux qui ne peuvent plus s'en tenir aux opinions traditionnelles; mais c'est précisément parce que nous acceptons la révélation, que nous croyons remarquer ici le doigt de Dieu dans l'histoire. Nous disons donc doublement qu'il fallait que ces lois vinssent si tard, d'un côté, pour affermir l'ancienne alliance et les germes qui devaient servir de base à la nouvelle, de l'autre, pour montrer l'insuffisance de cette alliance et réveiller dans tous les cœurs qui avaient faim et soif de justice un irrésistible besoin de plus de vie et de plus de lumière. Il était réservé à Saül de Tarse de relever cette insuffisance; c'est lui qui devait soulever le voile de la face de Moïse et opposer à la gloire passagère de cette œuvre transitoire, la gloire infiniment plus éclatante et plus durable de celui qui a abrogé l'ancienne alliance, et qui veut amener ses disciples à contempler un jour, à face découverte, la gloire véritable de son Père et du nôtre.

Vu,
Le président de la soutenance,
ED. REUSS.

THÈSES.

I.

L'histoire prouve qu'avant l'exil il n'y a aucune place ni pour la composition ni pour l'application de la législation lévitique.

II.

Le Judaïsme a suivi un développement parallèle à celui du christianisme. Les institutions hiérarchiques ne seront donc pas à chercher au début de ce développement, mais à la fin. Dans ce sens on peut dire, sous une forme un peu paradoxale, qu'Aaron a été le premier grand-prêtre, si saint Pierre a été le premier pape.

III.

En vertu de quel principe peut-on, sans renverser la révélation, refuser à Moïse le Deutéronome? Et en vertu de quel autre la renverse-t-on en lui refusant le Lévitique?

IV.

Chez tous les peuples la législation orale a précédé la législation écrite. Les Israélites ne font point exception. La plupart de leurs lois aussi ont existé à l'état de coutumes sacrées.

V.

S'il était vrai que le Deutéronome est écrit pour le peuple, et le Protonome pour les prêtres et les savants, il en résulterait que le peuple a été plus religieux que ses prêtres, et que c'est à ces derniers surtout qu'il fallait inculquer la sainteté du sabbat, du Jubilé, fêtes que le peuple aurait observées fidèlement — ce qui est contraire à l'histoire.

VI.

Si la critique parvenait à démontrer victorieusement que l'Elohiste est l'auteur du Lévitique, elle aurait atteint un tout autre but que celui qu'elle se propose, car elle aurait prouvé en même temps que la Genèse, au lieu d'être un des plus anciens livres de l'Ancien Testament, comme nous le croyons, en serait un des plus récents.

VII.

Donnez à César ce qui est à César et à Dieu ce qui est à Dieu, ne peut signifier en aucun cas: Mettez la religion au service de l'État.

VIII.

Paul serait-il simplement allé à Jérusalem pour visiter Pierre? Il me semble plus vraisemblable qu'il l'ait interrogé sur la vie du Seigneur.

IX.

La purification du temple ne peut pas avoir eu lieu à l'époque où la place le 4ᵉ évangile.

X.

Si Christ n'est pas ressuscité, notre foi est vaine.

XI.

D'après Paul, cette résurrection n'a pu être que spirituelle.

XII.

Le pasteur doit viser avant tout à la réforme intérieure. Une innovation radicale dans les formes extérieures du culte me paraît anti-évangélique et anti-protestante.

XIII.

Je supprimerais volontiers en été le service de l'après-midi, pour le remplacer par l'enseignement de l'histoire de la primitive église, de la Réformation et de nos pères sous la croix.

XIV.

Je signerais des deux mains l'idée de Schleiermacher, que chaque pasteur, au moment d'entrer en fonction puisse justifier de son aptitude à remplir une autre carrière.

XV.

Les symboles du seizième siècle doivent être des points de départ, non des points d'arrivée.

XVI.

Si le chrétien ne doit pas juger son frère, le pasteur ne doit pas non plus juger les morts.

XVII.

A mon avis, Luther s'est trompé à Marbourg, d'abord sur le sens des paroles de l'institution, mais plus encore en refusant le titre de chrétiens aux réformateurs suisses.

www.ingramcontent.com/pod-product-compliance
Lightning Source LLC
LaVergne TN
LVHW050634090426
835512LV00007B/843